桜《イン》花《ホア》を夢《ゆめ》見《み》て

ある満《まん》州《しゅう》育ちの物語

桜花《インホア》を夢見《ゆめみ》て——ある満州《まんしゅう》育ちの物語

もくじ

昭和 12 年度（26 期）6 年 3 組

キタイスカヤ街

父の決心《けっしん》

スミ子にはじまんのお父さんがいました。鹿児島県薩摩《かごしまけんさつま》生まれの人にとって、西郷隆盛《さいごうたかもり》は、神《かみ》さまのようにえらい人でしたが、スミ子のお父さんの吉《よし》田昭夫《だあきお》も、体つきから気だてまで、西郷隆盛そっくりでした。

昭和《しょうわ》二年、父昭夫は一大決心をして、国家警察官《こっかけいさつかん》の資格《しかく》をとる試験《しけん》を受《う》けました。

試験は、鹿児島からは遠い、大阪《おおさか》で行われました。

試験に合格をしましたので、昭夫は、家族《かぞく》みんなに、これからのことを話しました。

家族のそろった夕飯《ゆうはん》のときでした。

「おれの話を聞いてもらいたい」と、手をひざの上に置《お》いて、遠くを見るようにして

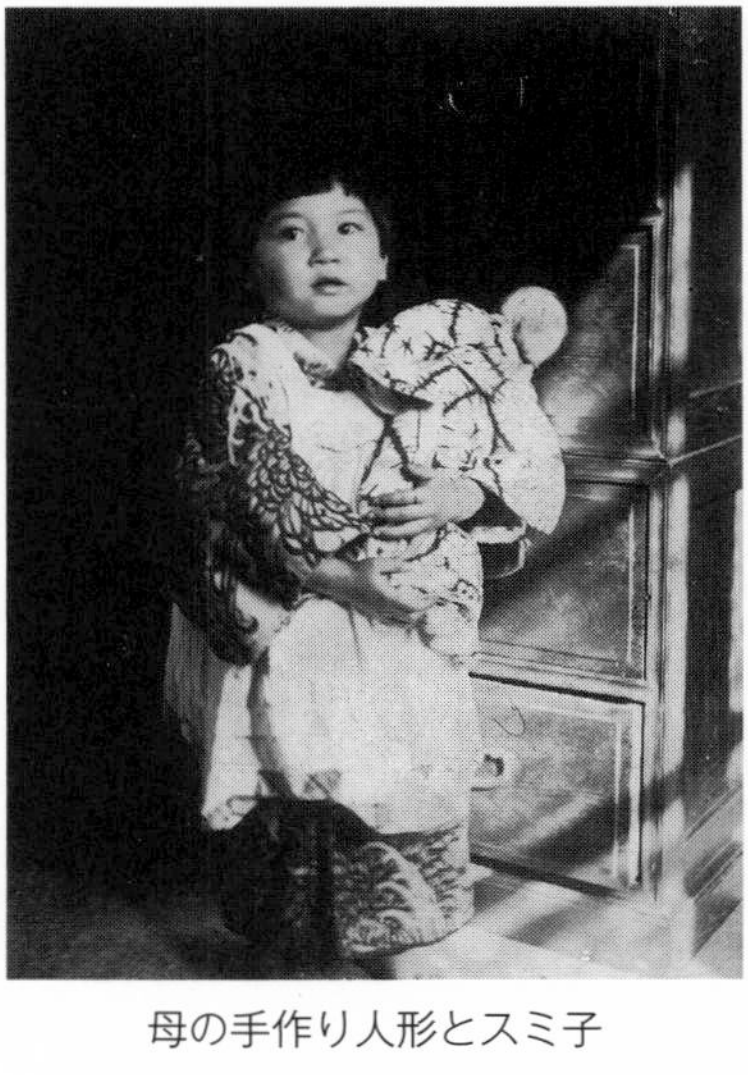

母の手作り人形とスミ子

言いました。重大《じゅうだい》な決心《けっしん》をつたえるためでした。

お母さんは、みんなのごはんをよそろうと、しゃもじを手にしていましたが、おはちの中にもどしてふたをして、お父さんを見ました。

お父さんが、いつにもなく真剣《しんけん》だったからです。

「おれは、警察官《けいさつかん》になって、満州《まんしゅう》に行こうと、決《き》めていたんだよ。もちろん、家族《かぞく》みんなで行くんだ。

満州はどんどん開発《かいはつ》されているんだ。南満州鉄道株式会社《てつどうかぶしきがいしゃ》が大きくなって、満州には警察官の仕事《しごと》がいっぱいあると聞いている。満州はこれから発展《はってん》する。人手が必要《ひつよう》になっている。

住《す》むところは、心配《しんぱい》ない。官舎《かんしゃ》に入れるようにたのんできた。ふとんや必要なものはまとめてくれ、すぐに満州に送《おく》るんだ」

あまりにとつぜんのことで、お母さんは、たしかめることもできません。

スミ子はまだ二歳《さい》になったばかりで、手のかかるときでした。こんな小さい子をつれて満州に行ってだいじょうぶか心配でしたが、お母さんは、お父さんがよく考えて決めたことなら、だいじょうぶだろうと、何も聞きかえすこともなく、夕飯《ゆうはん》を食べました。
二、三日たってから、お父さんは、妹になるおばさんを家に呼《よ》んで、おにいちゃんのまさるのことを相談《そうだん》しました。まさるは、四歳でした。
「満州での生活がどうなるか、よくわからないし、子どもをつれていくのは心配だ。まさるは、大切《たいせつ》な長男だし、満州で、もしものことがあったら困《こま》るから、こっちに置《お》いていきたい。めんどうをみてくれないかね」

お父さんは、妹であるおばさんに、おばさんの都合《つごう》も聞かずにたのみました。

お父さんは、満州のようすがよくわかっていなかったのです。それで、心配して、まさるを、日本に置いていこうとしたのです。

おばさんには、まさると同い年の男の子がいましたので、困ったようでした。

「満州は、冬は寒《さむ》さがきびしいそうですし、夏は暑《あつ》さがまたたいへんだといいますからね。それに、馬賊《ばぞく》というこわい盗賊《とうぞく》があばれているそうですね。そういうところに、スミちゃんはつれていくんでしょ。スミちゃんのほうが、小さくて心配じゃないの」

おばさんは、満州《まんしゅう》のことを少し知っているようで、おにいさんの言うままに、たのみを聞くわけにはいかないと、言いかえしました。

「そうは言っても、ふたりをたのむわけにはいかないだろう」

「だから、スミちゃんのほうが、小さくて心配《しんぱい》じゃないの」

おばさんは、スミ子ならあずかってもいいと思っているようでした。

スミ子は、置《お》いていかれてはたいへんと、お父さんのひざによじのぼりました。

お父さんは、家にいるときは、スミ子をまさるより手もとに呼《よ》びました。近所《きんじょ》にでかけるときも、スミ子だけをつれていきました。小さいスミ子は、お父さんのかたぐるまに乗《の》って、こわがることもなくあまえていました。

スミ子は、お父さんが大好《だいす》きでした。

お父さんが、置いていくといったら、泣《な》いて、だだをこねるつもりでした。

まさるは、あまりわがままを言わない、おとなしい子でした。

「満州は、こわいところだから」と言われると、おばさんの家に残《のこ》ることを、「うん」と、すなおに返事《へんじ》しました。

まさるは、おばさんの家にあずかってもらって、鹿児島《かごしま》に残ることになりました。

遼陽《りょうよう》の官舎《かんしゃ》

満州は海の向《む》こうですから、船で玄界灘《げんかいなだ》を渡《わた》り、また、朝鮮《ちょうせん》を汽車に乗って、なんにちもかけて満州に着《つ》きました。

住《す》むところは、遼陽市です。遼陽は、南満州鉄道《てつどう》の奉天市《ほうてんし》のてまえの町です。

お母さんは、はじめ、満州の生活に、困《こま》っていました。

遼陽の官舎は、日当たりのいい小高い丘《おか》にありました。買《か》い物《もの》は、丘をおりて行かなければなりません。食《た》べ物《もの》を買うのも日本人の店があまりありません。

スミ子も、おにいちゃんがいなくて、遊《あそ》び相手《あいて》がいません。

お父さんは、仕事《しごと》で家に帰ってこない日もありました。

スミ子は、遊び友だちに、満人の男の子を見つけました。

その子のお父さんも警察《けいさつ》の仕事《しごと》をしていました。

満人《まんじん》の子どもは、いつもズボンをはいていました。寒《さむ》いときには、綿《わた》の入った上着《うわぎ》とズボンを着ていました。ズボンのおしりのところは、あいていました。

話し言葉《ことば》がちがっていましたけれど、友だちがほかにいないふたりは、手ぶりみぶりで、楽しく遊《あそ》びました。


スミ子は、丘《おか》の下にある幼稚園《ようちえん》に、遊びにいきました。入園する年になっていませんが、こっそり入ったのです。幼稚園には、おもしろい遊びができるものがたくさんありました。

スミ子が、いちばん気に入ったのは、赤い服《ふく》を着た、青い目の大きなお人形でした。みんながそのお人形をかわいがっていました。スミ子も仲間《なかま》になって、だっこしてみたいと、うらやましく見ていました。

スミ子は、考えました。みんなのいないとき、さげてきてしまえばいいと。

スミ子は、朝早くに幼稚園にでかけていって、先生に見つからないようにして、お人形を持《も》ち出《だ》しました。だれにも見つかりません。スミ子は、うんこらしょっと、坂《さか》の上へのぼっていきますと、お母さんが入り口に立っていました。

「スミちゃん、どうしたの。そのお人形さんは！」

スミ子は、下の幼稚園をゆびさしました。お母さんは、スミ子を泣《な》かせないように気をつけて、人形を取《と》り上《あ》げ、大急《おおいそ》ぎで返《かえ》しにいきました。

「お人形さんを、持ってきては、いけません。スミちゃんのではないでしょう」

お母さんが言って聞かせても、だめでした。スミ子は、何度《なんど》も幼稚園にしのびこんで、人形をさらってきました。

お母さんは、仕方《しかた》なくスミ子が家を出られないように、垣根《かきね》を作ってもらいました。

スミ子は、垣根の下の土を手でほって、ぬけだそうとしているのです。

「そんなにお人形がほしいの」

お母さんは、スミ子に、大きなお人形を作ってあげることにしました。

できあがったお人形を、スミ子は、おおよろこびで、だいて遊びました。

「スミ子は、女の子ねえ」

「友だちがほしいんだろ」

一年たち、二年目の春に、官舎《かんしゃ》に、子どものいる人が来て、スミ子にも、日本の友だちができました。イト子という名前で、山形《やまがた》という雪のたくさんふるところから越《こ》してきたのだそうです。

満州《まんしゅう》の冬は、鹿児島《かごしま》では考えられない寒《さむ》さでした。零下《れいか》二五度《ど》はいつものことです。でも五月になると、急《きゅう》に暖《あたた》かになり、いろいろな花が咲《さ》き、夏になったような暑《あつ》い日もありました。

お母さんが、女の赤ちゃんを生みました。

スミ子は、おねえちゃんになったのです。さっそくイト子ちゃんに教えました。

「わたし、おねえちゃんになったよ」

イト子のお母さんが、お手伝《てつだ》いにきて、買《か》い物《もの》やせんたくなどもしてくれました。

お父さんが、

「赤ちゃんに、テル子という名前をつけて、役所《やくしょ》に届《とど》けてきたよ。きょうから、テルちゃんと呼《よ》ぶんだよ。スミ子も、おねえちゃんになったんだね」

「男の子でなくて、すみません」

「そんなことはないよ、まだまだ男の子だって生まれるさ」

そういって、元気に泣《な》くテルちゃんを見て、お父さんは、よろこんでいました。

お父さんは、女の子が好《す》きなのかなと、スミ子は思いました。

お母さんは、男の子がほしかったのでしょうか。

スミ子は、女の子が生まれたので、うれしかったのです。


テル子に手がかかって、お母さんは、スミ子のことはあまり気にかけなくなっていました。スミ子は、イト子とつれだってとびまわっていました。体はあまり大きくないスミ子でしたが、病気《びょうき》にもかからず元気でした。

アンズの花が散《ち》って、青い実《み》がたくさんついていました。

「あれはね、アンズの実で、すっぱくて食べられないよ」

イト子は知っていました。

アンズを鹿児島では、見かけませんでした。

青い実《み》を拾《ひろ》ってきて、お母さんに見せますと、
「これはアンズよ、青い実が赤くなっても、食べてはいけないよ」
と、言われました。

まさるを迎《むか》えに

ある日、鹿児島《かごしま》の実家《じっか》の親戚《しんせき》からの手紙が届《とど》きました。

お父さんは、仕事《しごと》の都合《つごう》で、夕方になっても、家に帰ってきませんでした。手紙は、お父さんに来たのですから、手紙を開《あ》けて見るわけにいかないと、お母さんは、やきもきしていました。

「お父さん、早く帰ってきてください。手紙にどんなことが書いてあるか、心配《しんぱい》です」

と、テル子に話していました。

「テル子に言ったって、わからないよね」

と、スミ子とイト子は笑《わら》いました。

仕事をすませて、帰ってきたお父さんは、急《いそ》いで手紙を開《あ》けながら、

「急ぎのことなら困《こま》るじゃないか、おれがいなくても、開けて見てくれ、手おくれになったら困るぞ」

と、きつい言葉《ことば》で言いました。

「なんて書いてあるんですか」

早く知りたかったお母さんは、さいそくしましたが、答えずに手紙を読んでいたお父さんは、いらだったようすで手紙を置《お》きました。

「ばかな」と、頭をかかえて、つぶやきました。

お母さんは、手紙を手に取《と》って、スミ子にも聞こえるように、声に出して読みました。

「……自分の子なんですから、親が育ててください……？」

「まさるに、何かあったんですね」

「そうにちがいないな。くわしいことは書いてないが、迎《むか》えにこいということだろう」

「どうするんですか」

「上司《じょうし》に事情《じじょう》を話して休暇《きゅうか》をもらってくる」

まさるにいちゃんのことが心配《しんぱい》なのでしょう。お父さんは、すぐに、日本に行くことにしました。

「スミ子をつれていってやるよ。おまえは、テル子を見るのがせいいっぱいで、たいへんだろう」

お父さんは、ひとりで行くより、話し相手《あいて》にスミ子をつれていくことにしたのでしょうか。ふたりの子どもがいては、お母さんがたいへんだろうと、思ったのでしょうか。どちらにしても、スミ子は、鹿児島《かごしま》に行けるのでよろこびました。

スミ子は、四歳《さい》になっていましたから、もう、お父さんのかたぐるまに乗《の》ることは、やめていましたが、お父さんが大好《だいす》きで、いっしょにつれていってもらえるとわかると、はねてよろこびました。歩くのもたっしゃになっていました。

帽子《ぼうし》や、くつなど新しく買ってもらって、お土産《みやげ》も用意《ようい》して、でかけました。

鹿児島のおばさんの家に着《つ》きますと、おにいちゃんが、ひとりぼっちで、庭《にわ》に立っていました。スミ子たちが来るのを知って、待《ま》っていたのです。

お父さんは、電報《でんぽう》で、知らせてありました。

なみだをいっぱい流《なが》して、お父さんにしがみつきました。

お父さんは、困《こま》った顔をしましたが、

「大きくなったじゃないか」と、だきあげました。

おにいちゃんは、スミ子より二つ多い六歳でした。

おばさんは、はやばやかけつけてくれたお父さんに、

「遠いところをたいへんでした。少しゆっくりしていったらよかね」

と、ねぎらってくれました。

「満州《まんしゅう》の治安《ちあん》が、日本とちがって、悪《わる》いと思って、まさるをあずかってもらったが、心配するほどでもなかったよ。おまえに、迷惑《めいわく》をかけてしまって、申《もう》しわけなかった」

お父さんは、おばさんにあやまりました。

おばさんは、おにいちゃんがどうしたのかなど、くわしいことは、話しませんでした。

「満州《まんしゅう》で、またひとり、子どもが生まれたので、ゆっくりしていられんのだよ」

お父さんは、満州にいるお母さんのことが、気がかりだったのです。

次《つぎ》の日に鹿児島《かごしま》を出発《しゅっぱつ》しました。

下関《しものせき》から船に乗《の》って朝鮮《ちょうせん》の釜山《プサン》に渡《わた》るのですが、玄界灘《げんかいなだ》は、その日もあれていました。

スミ子もまさるも、ほかのお客《きゃく》もみんな、船の床《ゆか》をころげて、ひどいふなよいにみまわれました。

スミ子は苦《くる》しくても、おにいちゃんといっしょにいたので、がまんができました。

おにいちゃんは、初《はじ》めてなので、おどろいたことでしょう。

お父さんは、汽車に乗ってから、おにいちゃんに聞きました。

「おばさんの家で、何があったのだい」

おにいちゃんは、話ができないほどせきこんで、泣《な》きました。

「そうかそうか、つらかったんだな。まさるを、ひとりぼっちにしてしまった、お父さんが悪《わる》かったな」

と、なぐさめました。

お父さんが、おにいちゃんにやさしく声をかけるのを、スミ子はじっと見ていましたが、お父さんをおにいちゃんにとられないように、お父さんのひざによじのぼりました。

そのうち、ねむくなってきました。

柳条湖事件《りゅうじょうこじけん》（満洲事変《じへん》）の夜

「おいものごはんは、もういやだ」

と、言いながらも、スミ子はおかわりをしました。

「満州は、大豆《だいず》やむぎ、コウリャンはたくさんとれるが、お米は陸稲《おかぼ》といって少ししかとれないのだよ。おいものごはんでも、ごはんが食べられれば、いいとしないといけない」

お父さんは、そう言い聞かせました。

今夜は、お父さんがいて、うれしい夕飯《ゆうはん》でした。

九月になると、満州《まんしゅう》では、夕方には昼の暖《あたた》かさがなくなります。窓《まど》は、しっかりしめて、部屋《へや》の障子《しょうじ》もすきまのないようにします。

「お父さんのふとんを、しいてあげる」

スミ子は、お父さんの重《おも》いふとんを、部屋の真ん中《まんなか》に引きずっていきました。

満人の部屋は、たいてい、土間《どま》になっていました。冬は、オンドルという暖房《だんぼう》をするので、土間のほうが暖《あたた》かいのです。土間の上に、コウリャンの茎《くき》で編《あ》んだアンペラをしいて、持《も》ち運《はこ》びがかんたんな、とてもうすいふとんでねます。

日本の官舎《かんしゃ》は、たたみがしいてありました。

夕飯もすんで、ねむるばかりで、話はやめて、お父さんのふとんの両《りょう》わきに、スミ子とまさるが、まくらをならべて、ねついたかに見えました。

まだ、起《お》きていたお母さんが、あわてて立ちあがりました。

「障子が、がたがた、いってます。地震《じしん》かしら……満州には、地震はあまりないそうですが」

とつぜん、「ジリジリッ！　ジリジリッ！」

はげしいベルの音が、鳴りました。

警察署《けいさつしょ》への召集《しょうしゅう》を知らせるベルです。

スミ子も、パッと目がさめました。

お父さんは、すばやくねまきをぬぎすて、制服《せいふく》にきがえました。

「馬賊《ばぞく》が、また、出たのだな」と憤慨《ふんがい》しながら、革靴《かわぐつ》の音をひびかせて、走り出ていきました。

「警察官《けいさつかん》は、ゆっくりねてもいられないので、お父さんはきのどくです」

馬賊なら、いつものことなので、心配《しんぱい》ないと、スミ子はふとんにもどりました。

遠くでズドーンと、大砲《たいほう》の鳴る音がして、障子ががたがたとゆれました。

「なんだか、変《へん》だね、お母さん」

と言っていると、ドアがドンドンと、たたかれ、

「吉田《よしだ》さん、急《いそ》いで、本署《ほんしょ》に避難《ひなん》してください！　急いでくださあい！」

警察署《けいさつしょ》のボーイが、息《いき》を切らせて、知らせにきたのです。

ボーイは、説明《せつめい》しませんでしたけれど、ボーイのあわてぶりで、危険《きけん》なことがせまっているのは、わかりました。

「早くきがえて、本署に行かんにゃならんよ。寒《さむ》くないように靴下《くつした》もはきなさい」

スミ子は、ひとりできがえました。

まさるは、ふとんに頭を入れて、出てきません。

「おにいちゃんが、ふとんにもぐっている。アハハハハ、アハハハハ、こわがってる」

まさるは、妹のスミ子に笑《わら》われたので、おこりました。

「ふるえてなんかいないぞ」と、強がって起《お》き上《あ》がってきましたが、きがえするのに、ふるえていて、洋服《ようふく》のボタンは、お母さんが手伝《てつだ》いました。

玄関《げんかん》に鍵《かぎ》をかけて、暗《くら》い道を、本署に急ぎました。

スミ子は、遼陽幼稚園《りょうようようちえん》の年長組になっていました。

まさるは、遼陽小学校の二年生でした。

テル子は、お母さんが、おぶいひもで、背負《せお》っていました。

本署の二階《かい》の広い座敷《ざしき》に案内《あんない》されました。

「イト子ちゃんは、来ていないよ」

スミ子は、まわりの家族《かぞく》を見まわしました。

「ほかのひとは、避難していないの」

まさるは、心配《しんぱい》そうに聞きました。

「どこか、別《べつ》のところに行ったのでしょう」と、お母さんが言うと、となりにいた年《ねん》配《ぱい》の女の人が、話しかけてきました。

「警察官《けいさつかん》は、戦争《せんそう》になると、ねらわれますからね。

ふだん、満人《まんじん》をとりしまっていますから、うらまれているんです。

軍《ぐん》の将校《しょうこう》の家族は、もっと安全《あんぜん》な、地下室のあるところへ、案内《あんない》されてるでしょうね」

「それで、すぐに避難するように、ボーイが呼《よ》びにきたんだね」

戦争《せんそう》が始《はじ》まったのでしょうか。避難《ひなん》したりしてるんですから。スミ子は、今どうなっているのか気がかりでしたが、用意《ようい》された毛布《もうふ》にくるまると、ねむってしまいました。

朝、目をさますと、大砲《たいほう》の音はしていません。

「戦争にはならなかったのかしら」

と、思いながら、家に帰りました。

後で、わかったことですが、柳条湖《りゅうじょうこ》で、鉄道《てつどう》が爆破《ばくは》されたのです。張学良《ちょうがくりょう》という満州《まんしゅう》の賊《ぞく》の大将《たいしょう》が、父親が殺《ころ》されたしかえしに、反乱《はんらん》を起《お》こしたそうです。日本の軍《ぐん》隊《たい》は、すぐに反乱をおさえたのだそうです。

昭和《しょうわ》六年九月十八日、満州は、関東軍《かんとうぐん》によって反乱をおさめるということで、満州事変《じへん》という戦争に入りました。くわしいことは、日本国民《こくみん》には知らされませんでした。

お父さんの吉田昭夫《よしだあきお》のつとめる警察《けいさつ》の中には、満人の警察官もいました。広い満州を守《まも》るには、日本人だけでは、足らなかったのです。昭夫たちは、満人には気を許《ゆる》さないようにと、言われていました。満人も、日本人を仲間《なかま》として見ていなかったでしょう。ふともらす満人の言葉《ことば》を、昭夫は注意《ちゅうい》して聞いていました。中国語を勉強《べんきょう》して、通訳《つうやく》ができるほどのうでまえがありました。昭夫は、中国人の話している大事《だいじ》なことは本署《ほんしょ》に知らせます。昼休みなどに満人同士《どうし》が話していることを、聞こえないようにして聞いていることもあるのです。

柳条湖事件《じけん》のあとに、満人がささやいているのを聞いてしまいました。

「爆破《ばくは》の後にすぐ、貨物列車《かもつれっしゃ》が走っていったそうじゃないか」

「そうだ。レールをすぐに替《か》えたというけど、あんなに重《おも》たいものを運《はこ》んで直せないだろう。うそのつくりごとだ」

「犯人《はんにん》は、何人いたんだ。見つけて撃《う》ち殺《ころ》したそうだが、そいつは、よれよれのヘロイン中毒《ちゅうどく》の浮浪人《ふろうにん》だったそうだ」

「殺して用意《ようい》してあったんだな」

「柳条湖は、おれらの軍《ぐん》に近いとこじゃないか、じゃまだから理由《りゆう》をつけて、やっつけようとしていたんじゃないか。夜中に爆発音《ばくはつおん》がすれば、軍隊《ぐんたい》が動《うご》くのは、当たり前だ。そしたら、日本の軍隊《ぐんたい》は大きな大砲《たいほう》をもっていて、撃《う》ってきたそうだ。中国人が鉄道《てつどう》を爆破《ばくは》したのなら、それからかけつけることになるのに、北大営《ほくだいえい》の中国軍隊より先に、日本の軍《ぐん》が動いていたというのは、おかしい。奉天城《ほうてんじょう》に日本軍がせめたのが同時ってことは、みえみえじゃないか」

「そうだな、柳条湖《りゅうじょうこ》の爆発音は、中国軍を撃つ合図《あいず》だったんだよ。線路《せんろ》を爆破されたからだというのは、正当化《せいとうか》する口実《こうじつ》なんだ」

食後の昼休みのうたたねで、ねむったふりをしていた昭夫《あきお》は、うなり声をあげて腕《うで》をのばしました。ひそひそ話していた満人《まんじん》の警察官《けいさつかん》は、ひそひそ声をぴたりとやめると、ゆうべのんだ酒《さけ》がうまかった話を、声高《こわだか》にかわし、昭夫を見ました。

昭夫は、このきょう聞いた満人の話は、だれにも話せないと思いました。昭夫にしても、考えられないことでした。もしこれが、満人の言うように、日本軍の計略《けいりゃく》だったら、うまくできすぎています。でも、満人の言うことも、もっともでした。

関東軍《かんとうぐん》は、九月十九日の朝までに、中国兵の訓練所《くんれんじょ》「北大営」と、張学良《ちょうがくりょう》の奉天城をせめ落《お》としました。南満州鉄道《まんしゅうてつどう》に近い町からも、中国の兵隊を追《お》いはらってしまったといいます。こんな大がかりなことが、短時間《たんじかん》にできたというのは、前もって準備《じゅんび》がしてなかったら、できないことだと、だれもが思い当たるのに、日本人は、うたがわなかったのです。

ハルピンをせめるのは、強くなっているソ連軍《れんぐん》との戦争《せんそう》になるのをおそれて、ためらっていました。ソ連は、満州にまだ鉄道をもっていて、ハルピンに満州の守《まも》りとして、軍を置《お》いていました。

日本がハルピンをせめ落として、ソ連のもっていた北部《ほくぶ》の鉄道の権利《けんり》をとったのは、昭和《しょうわ》七年の二月でした。ハルピンが自由《じゆう》になったということは、ソ連軍を追いだしたということです。ハルピンより北にあるチチハルや、嫩江《のんこう》にいたソ連軍をせめてから、ハルピンをせめたのでした。

ソ連は、そのころ、イギリスやアメリカにとっても、このましくない政治《せいじ》をしている国として、さけられていました。

中国は日本のやりかたに困《こま》って、国際連盟理事会《こくさいれんめいりじかい》にお願《ねが》いしましたが、全員賛成《ぜんいんさんせい》でなければ決《き》められないというきまりがあって、中国の言い分は、通《とお》りませんでした。

日本軍《にほんぐん》は、ずっと南の上海《シャンハイ》という都市《とし》で、事件《じけん》を起《お》こして、さわがせて、その間に、「満州国《まんしゅうこく》」のかたちをつくり外国に示《しめ》しました。それは、三月一日で、あの柳条湖《りゅうじょうこ》事件《けん》の起こった日から、わずか六か月しかたっていませんでした。

スミ子が遼陽《りょうよう》の小学校に入学する直前のことでした。

そのころから、お父さんの帰らない日が多くなりました。スミ子は、もう満人の子と遊《あそ》ぶことはありませんでした。日本人の子どもが、遼陽にも多くなっていました。

ハルピンに住《す》む

スミ子のお父さんの吉田昭夫《よしだあきお》は、警察官《けいさつかん》にうってつけの役人《やくにん》でした。武道《ぶどう》・銃剣術《じゅうけんじゅつ》には特《とく》に優《すぐ》れ、仲間《なかま》や、署長《しょちょう》などから、よく思われていましたので、どんどん出世《しゅっせ》していきました。そうなると、転勤《てんきん》も増《ふ》えて、住《す》まいを変《か》えなくてはならなくなりました。

「日本は、鉄道《てつどう》工事をしてのばすだけでなく、ソビエトや、中国の造《つく》った鉄道も買って、満鉄会社が大きくなっているから、チチハルやチャムスの方まで、警察は、行くことになる。匪賊《ひぞく》から日本人を守《まも》るためにね」

「遼陽よりずっと北に転勤になったから、ハルピンに家族《かぞく》で移転《いてん》することになるね」

「じゃあ、学校を変《か》わるんですね。ぼくは、三度《ど》目になるよ」

「ハルピンの勤務《きんむ》だと、休みの日でも、遼陽まで、おまえたちに会いにこられない。どうしても、ハルピンに、来てもらいたいね」

「ハルピンはいいところですって、寒《さむ》いかもしれないけど……」

お母さんは、乗《の》り気《き》でした。

「イト子ちゃんと別《わか》れてしまうよ」

スミ子は悲《かな》しい気持《きも》ちでした。

お別れのあいさつにいきますと、

「わたしは、吉林《きつりん》に行くことになったよ。東の方よ」

イト子のお父さんも転勤で、遼陽から引《ひ》っ越《こ》すそうでした。

昭和《しょうわ》九年三月、満州国《まんしゅうこく》は、溥儀《ふぎ》が皇帝《こうてい》になって「満州帝国《ていこく》」となったのです。溥儀という人は、中国が清国《しんこく》といわれていたときの皇帝だった人です。清の皇帝は、満州出身《しゅっしん》だったわけですから、溥儀ははじめはよろこんでいましたが、日本軍隊《ぐんたい》に利用《りよう》されていることがわかり、激怒《げきど》したということです。

溥儀だけではなく、多くの中国人は、日本軍のやりかたに、不満《ふまん》をもって、暴動《ぼうどう》がそちこちで起《お》こりました。

このおそろしい中、スミ子たちは、日本がどうなっているのかなども知らされずに、ハルピンに越《こ》したのでした。

「ハルピンに住《す》むなら、キタイスカヤ街《がい》がいいと思って、アパートを探《さが》しておいたよ」

ハルピンは、通《とお》りごとに、京都《きょうと》のような番号《ばんごう》がついていました。

例《たと》えば、中国頭道街《とうどうがい》から、中国十五道街までというようにです。外国頭道街から、外国九道街。さらに、キタイスカヤ街、地段街《じたんがい》、警察《けいさつ》街、斜紋《しゃもん》街、商舗《しょうほ》街などが、ありました。

北風よけに植《う》えられたニレの木が、日も浅《あさ》いらしく、細く、歩道にならんでいました。

キタイスカヤ街は、ハルピンの中心の街《まち》でした。道路は、幅《はば》も広く、石畳《いしだたみ》でした。

松花江《しょうかこう》に向《む》けて、ゆるく坂《さか》になっていました。両脇《りょうわき》には広い歩道があります。

アパートは、大通りから、少し入った二階家《かいや》でした。

二階からは、前の店などがよく見えました。

前には、小さいながらも、おいしそうなロシアのパンを焼《や》いて売っている店がありました。ロシア人が黒パンを買うのも見えます。

「おにいちゃん、スミ子も黒パンを食べたい」

「お母さんに、たのんでみよう」

遼陽《りょうよう》では、黒パンは売っていませんでした。ハルピンはロシア人の街だということが、わかりました。

ハルピン桃山《ももやま》小学校へ転入《てんにゅう》

お父さんが、まさるとスミ子を、転入先《てんにゅうさき》の小学校に、つれていってくれました。

お父さんは、警官《けいかん》ですから、戦闘帽《せんとうぼう》をかぶり、制服《せいふく》に将校《しょうこう》のはくズボンと、皮《かわ》の長靴《ちょうか》をはいています。お父さんは、外出するときには、いつも警察官《けいさつかん》の服装《ふくそう》でかけました。満州《まんしゅう》にいる日本人を守《まも》る役目《やくめ》をしていたのです。

スミ子は、お父さんといっしょなので、わくわくしながら、新しい学校に行きました。

ハルピンの小学校は、まるで外国の教会のようにまるい屋根《やね》がドーンと玄関《げんかん》の上に、のっかっていました。そこから入るのは、あまり立派《りっぱ》でしたから、こわかったのですが、転入の日で、お父さんといっしょでしたので、入ったのです。

「『南満州鉄道株式会社設立《てつどうかぶしきがいしゃせつりつ》ハルピン尋常高等《じんじょうこうとう》小学校』」とまさるが、ゆっくり読み上げました。とても長い学校名でした。

「満鉄がお金を出したんだろう。目がさめるように立派だね。木造《もくぞう》ではなくて、鉄筋《てっきん》コンクリートでできている。日本人は、子どもに勉強《べんきょう》させることに熱心《ねっしん》だと、世界《せかい》に見せつけているのだろう」

お父さんは、しばらく校舎《こうしゃ》をながめていました。

校舎の中も、すてきなかざりが、うきぼりになっていました。特《とく》に、玄関の上にある保健室《ほけんしつ》は、大病院《だいびょういん》のようでした。

かべは、白い漆喰《しっくい》がきれいにぬられていました。窓《まど》も、ハルピンの寒《さむ》さを防《ふせ》ぐ工夫《くふう》がしてあり、窓ガラスも二重《にじゅう》で、小窓だけが開《あ》くのです。

事務室《じむしつ》で、お父さんが編入《へんにゅう》の用事《ようじ》をしているあいだに、まさるとスミ子は、学級《がっきゅう》の先生につれられて、教室に行きました。

転入生《てんにゅうせい》や転校生は、めずらしいことではないらしく、みんながじろじろ見ることもありませんでした。

スミ子の受《う》け持《も》ちの先生は、若《わか》い男の先生でした。

家に帰ってから、まさるが、

「お父さん、ハルピンの学校は、今までの学校とちがっていました。先生が、ぼくに、日本人としての心がまえだといって、しっかりと、教えました。

満州国《まんしゅうこく》は、五族協和《ごぞくきょうわ》というけれど、日本人が先に立って、やっていかなくてはならないから、きみは、立派《りっぱ》な人にならなければいけないのだ。そのためには、熱心《ねっしん》に勉強《べんきょう》することだ。と、言われました」

お父さんは、五年生になっているまさるを、たのもしく見つめました。

「さすがに、ハルピンの学校だけはあるね」と、お母さんにあいづちをもとめました。

「ハルピンに来て、よかったですね」

「ハルピンは、白系《はっけい》ロシア人が大きくした都市《とし》だから、ロシア人の建《た》てた家がたくさんあるよ。ハルピンのロシア人は、もとは、ロシアの貴族《きぞく》だった人が多いからね、お金も持《も》っているから、生活も文化《ぶんか》も高いよ。音楽などもさかんだ。家庭教師《かていきょうし》をたのんで、ピアノのレッスンなどしている子も多いそうだ」

スミ子は、お父さんの背中《せなか》にしがみつきながら、話を聞いていました。少しは、わかったのです。

お父さんは、学校からもらってきたパンフレットを、読んでくれました。

「明治《めいじ》四十二年、西本願寺付属《にしほんがんじふぞく》小学校。

児童《じどう》七名、開校《かいこう》一月。九月、学校を金陽館《きんようかん》に移転《いてん》。

明治四十三年、ハルピン日本居留民《きょりゅうみん》会付属小学校と改称《かいしょう》。児童十一名。

明治四十四年、第《だい》一回卒業式《そつぎょうしき》、男子二名、女子二名」

「四人しかいない卒業式だったの。まだ、二年しかたっていないのに、卒業式やるの、変《へん》じゃないの」

「五年生から始《はじ》めた子や、六年生から始めた子がいたんだね。これが、第《だい》一回卒業生か。スミ子は、第二十六回卒業になる予定《よてい》かな。

大正《たいしょう》二年、児童《じどう》十五名。

大正三年、石頭道街《せきとうどうがい》の民会階上《かいじょう》に移転《いてん》。

大正五年、哈爾濱尋常高等《ハルピンじんじょうこうとう》小学校と改称《かいしょう》。

大正七年、三学級編成《がっきゅうへんせい》、児童数六十名。

大正九年、南満州鉄道株式会社設立《てつどうかぶしきがいしゃせつりつ》哈爾濱尋常高等小学校と改称。

大正十一年、校舎建築《こうしゃけんちく》始まる（六月）。

翌《よく》十二年六月、完成《かんせい》」

「毎年のように、学校が新しくなったんですね」

「そうだね、どんどん大きくなっている。最初《さいしょ》は、子どもをつれてきた親御《おやご》さんが、内地の学校をやめてきて、満州《まんしゅう》では、まだ小学校がないので、困《こま》って、西本願寺《にしほんがんじ》さんにたのんだのだろうね。そのあとすぐに、居留民会《きょりゅうみんかい》も気がついて、動《うご》いたのだね。七名から始まったのだ」

「明治《めいじ》のころにも、日本の家族《かぞく》が、ハルピンに住《す》んでいたんですね。ロシア人の街《まち》だったのに、勇気《ゆうき》がありますね」

音楽のあふれる街《まち》

ハルピンの生活で、スミ子は、新しい発見《はっけん》をしました。

ハルピンでは、あちこちで、音楽が流《なが》れています。小さな楽器《がっき》を鳴らしているだけではなく、明るい色の服装《ふくそう》をした青年や女の人が、歌ったり、おどったりしているのです。それは、毎日、あちこちで、見かけました。

特別《とくべつ》におどろいたことは、五、六人の少年たちがやってくると、そのうちのひとりが、ポケットからハーモニカを出し、とびはねたいようなかろやかな音楽を流します。すると、ほかの少年たちは、待《ま》っていましたと言わんばかりに、そろっておどりだします。それは、コサックダンスだそうです。

街の通《とお》りや広場で歌ったりおどったりするのは、南の遼陽《りょうよう》では見かけませんでした。遼陽はハルピンより暖《あたた》かく、明るい街ですけれど、ハルピンは、音楽のあふれる、にぎやかな街です。

スミ子のアパートは、ハルピンでもいちばん多くロシア人の住《す》んでいる街でした。アパートの窓《まど》からは、ロシア人の店先などが見えました。ロシア人は、黒パンを買いにきました。パン屋さんの店が、スミ子のアパートからよく見えました。

「黒パンを食べたい」と、スミ子は、せがみました。

日曜日になると、大勢《おおぜい》のロシア人が黒パンを買いにくるのです。ロシア人は、まとめ買いをしていました。

「わたしたちも、日曜日には、黒パンを食べましょうか」

と、お母さんが賛成《さんせい》してくれました。

黒パンは、焼《や》き立《た》ては、やわらかくてほのかにあまいパンでした。

「黒パンには、カルパスだよ」

お父さんと、パンを買いにいくと、カルパスというソーセージも買いました。

カルパスには、ハチミツをつけて食べるのが、ロシア人のしきたりでしたので、吉《よし》田《だ》家でも、同じようにして食べました。

キタイスカヤ街《がい》の生活は、スミ子はとても気に入っていました。

しかし、スミ子たちのアパートは、楽しい街《まち》のようすが見えてよかったのですが、となりの部屋《へや》に住《す》んでいた若《わか》い女の人が、ある夜、薬《くすり》をのんで、自殺《じさつ》しようとして大さわぎになりました。医者を呼《よ》んだり、警察《けいさつ》が来たりしました。

「こんなことが起《お》こったのでは、子どもに悪《わる》いことを教えるようなものだ」

お父さんは、すぐにアパートから引《ひ》っ越《こ》しました。

今度《こんど》借《か》りた家は地段街《じたんがい》にあり、森のように庭木《にわき》に囲《かこ》まれていました。そのしきちには、もう一軒《けん》となりあった家があって、ロシア人の家族《かぞく》が住んでいました。

そのロシア人の家からは、毎日、ピアノの音が流《なが》れてきました。

スミ子は、そのリズムが聞こえると、ペチカのかべによりかかって、うっとりと、聞き入りました。楽しい時間でした。そして、ピアノはいいな。ひけるようになったらいいなと、しきりに思うようになりました。

まさるは、ロシア人の使《つか》っている楽器《がっき》のハーモニカを吹《ふ》きたいと、思いました。そして、お父さんに買ってほしいと、思い切ってたのみました。

お父さんは、吹き口が二列《れつ》ある複音《ふくおん》のハーモニカを買ってあげました。

「うれしいなあ、学校でも、ハーモニカを持《も》っている子がいます」

まさるも、ハルピンに来て、街に流れている音楽に感動《かんどう》して、自分も、ハーモニカを吹きたくなったのです。

まさるは、ハーモニカをいつでも吹けるように、持ち歩いていました。

まさるのハーモニカのうでは、めきめき上達《じょうたつ》しました。

ロシアの歌に、山のロザリア、カチューシャ、コロブチカなどがありました。

夕飯《ゆうはん》の後に、みんなに吹《ふ》いて聞かせることがあります。そうすると、スミ子が歌をつけるのです。


学校の庭《にわ》は、北風を防《ふせ》ぐように、中庭になっていました。

ハルピンの秋は短《みじか》く、すぐに寒《さむ》い冬になりました。

お父さんは、フードのついた毛皮《けがわ》のコート（シューバー）を買ってくれました。フードつきのコートを着《き》ないと、朝の道を学校に歩いていけないほど寒いのです。

はいた息《いき》が、シューバーの毛に凍《こお》りつきます。

学校の中は、暖房《だんぼう》のスチームが通《とお》してありますから、コートはぬいで、教室に、かけておきます。

こんなに寒いのですが、男の子は、半ズボンで、女の子は、スカートでした。

足が冷《ひ》えるので、毛糸のレギンスをはきました。

シューバーのかけてある教室（昭和 12 年 6 年生）

満人《まんじん》は、みんな綿《わた》の入ったズボンをはいていました。おとなの満人は、その上にすそのながい上着《うわぎ》を着ていましたから、日本人とはっきり区別《くべつ》ができました。

学校では、昼休みや体育の時間は、運動《うんどう》場《じょう》に出てスケートをやります。夕方、ボーイさんが、校庭《こうてい》に水をまくと、明日《あす》には、スケート場になるのです。

冬になると、歌う歌があります。

1　寒い北風　ふいたとて
おじけるような
子どもじゃないよ
満州《まんしゅう》育ちのわたしたち

2
風の吹《ふ》く日は　そとに出て
リンクをまわろうよ
スケート遊《あそ》び
満州《まんしゅう》育ちのわたしたち

学校の前の道をおりて、キタイスカヤ街《がい》のゆるやかな坂道《さかみち》をおりていきますと、ロシアとの国境《こっきょう》になっている、満州いちばんの大河《たいが》、黒龍江《こくりゅうこう》の支流《しりゅう》の松花江《しょうかこう》に出ます。スンガリーと、みんなは呼《よ》んでいます。スンガリーには、小さな島《しま》がありました。太陽島《たいようとう》といいます。

夏は、その太陽島で、水泳《すいえい》や、ボート遊《あそ》びなどできますが、冬は、厚《あつ》い氷《こおり》におおわれるので、車で向《む》こう岸《ぎし》まで行くことができます。

ハルピン　キタイスカヤ街

大勢《おおぜい》の人が休みの日には、スケートやそり遊びをしました。ハルピンのロシア人は、クリスチャンですので、クリスマスのお祝《いわ》いをこのスンガリーの氷上《ひょうじょう》で行う儀式《ぎしき》があったのです。

零下《れいか》二〇度《ど》の日が毎日続《つづ》きます。氷の厚さは、一メートルにもなります。それを、十字架《じかか》に切り、クリスチャンは、その穴《あな》から河《かわ》の中に入り、十字を切って祈《いの》る儀式です。

シェパードのタローのこと

まさるは、スミ子とちがって、友だちと遊び歩くということは、ありませんでした。満州に家族《かぞく》が移《うつ》るとき、ひとりおばさんの家に置《お》いておかれたことが、かげをおとしていたのか、とても用心深《ぶか》くなっていました。

ひとりで遊びに出ないけれど、スミ子が友だちのところに行くときは、いっしょについてきてくれました。そして、得意《とくい》のハーモニカを吹《ふ》いて、女の子をよろこばせます。

「おにいちゃんは、ハーモニカがじょうずでしょう」

「おじょうずですね」

そうほめられるのは、とてもうれしいことでした。

まさるがハーモニカを夢中《むちゅう》で吹いていると、スミ子たちは、そばにいなくなっていました。林の中に入ったのでしょう。まさるは、とりのこされていました。仕方《しかた》なくもどってくると、道路《どうろ》わきの雪の中に、子犬がうずくまっていました。まだ走りまわれないような子犬です。まさるは、ハーモニカをポケットにしまうと、てぶくろをかけて、子犬に近づきました。

白と黒の毛なみで、耳のとがった子犬です。

「どうして、ここにいるの」

と、声をかけて、まさるは、はっと記憶《きおく》がよみがえりました。鹿児島《かごしま》でひとりぼっちでいたとき、すがって泣《な》きつく温《あたた》かいふところがなかったことを。いじめられたとき、話を聞いてくれるお母ちゃんがいなかったことを。

親にはぐれて、悲《かな》しんでいる子犬をそのままにして立《た》ち去《さ》ることができません。まさるは、かがんで子犬を持《も》ちあげました。子犬は思いのほか軽《かる》く、体をこきざみにふるわせてちぢこまったままです。子犬についた雪をはらって、シューバーのうでの中にかかえると、家までつれてきました。

「道で、こごえていたんだよ、かわいそうだったから、つれてきた」

お母さんは、まさるの思いつめた気《き》持《も》ちがみてとれて、何も言いませんでした。日曜日でたまたま家にいたお父さんは、

「この子犬、大きくなるぞ、この前足とても太いだろう」と、言っただけでした。

このとき、お父さんも、軍用犬《ぐんようけん》に使《つか》うシェパード犬の子どもだとは気づきませんでした。

まさるは、子犬に、タローと名前をつけました。

ハルピンの冬の夜は、ことさら冷《ひ》えます。

「お母さん、タローは、外に出したままでは、かわいそうだね。ぼくの部屋《へや》に入れて

いいですか」

「タローに一部屋《へや》あけてあげましょう」

この新しい家は、部屋がいくつもある大きなロシア建築《けんちく》でした。タローに一部屋やっても、困《こま》りませんでした。まさるは、タローの部屋に食器《しょっき》などを用意《ようい》しました。

タローは、みるみる大きくなりました。

シェパード犬であることは、はっきりしてきました。

「小さいうちに、しつけをしておかないと、手におえなくなるぞ」

と、お父さんは注意《ちゅうい》しました。シェパード犬は、警察《けいさつ》でも利用《りよう》しています。人にかみつくとはなさないので、犯人逮捕《はんにんたいほ》に役立《やくだ》っていたのです。

タローは、「まて」「こい」など、まさるの命令《めいれい》は聞き分けるようになりました。まさるは、タローを弟のようにかわいがってめんどうをみました。学校から帰ると、タローをつれて走りまわっていました。

お父さんのいる日曜日は、家族《かぞく》ででかけるようにしていました。買《か》い物《もの》などするのです。近いところにでかけるときは、タローもつれていきますが、その日は、外食もしようと、タローは家に残《のこ》していきました。

帰って、ドアを開《あ》けておどろきました。

「アッ」と、言ったまま、声が出ません。家に強盗《ごうとう》が入ったかのようなありさまです。みんなのスリッパは、かみ切られて、ちらかっています。テーブルクロスも、部屋のすみに引きずってまるめてあり、ソファーのカバーは裂《さ》かれています。

かけぶとんを一枚《まい》ソファーに広げて外出したのが、大失敗《だいしっぱい》でした。ボロボロに裂かれ、ふとん綿《わた》が散乱《さんらん》しています。

タローといえば、開いたドアの後ろで、ふてねをしたまま出てきません。

「ひとりで残《のこ》されたから、やけになってあばれたんだろう」

「タローの部屋を開けたままでかけたのが、いけなかったのね」

「タロー、いっしょに行きたかったんかい」

「新しいテーブルクロスとスリッパ、買いにいこうよ。ねえ、お父さん！」

スミ子だけは、タローにありがとうと言わんばかりに、はしゃいでいます。

鹿児島《かごしま》に帰って

ハルピンの冬がきびしい二月のことでした。

お父さんの実家《じっか》から、電報《でんぽう》が届《とど》いたのです。

おじいちゃんが、重《おも》い病気《びょうき》になったので、会いにくるようにということでした。

おじいちゃんは、スミ子のお父さんの親です。長男である息子《むすこ》の昭夫《あきお》に会いたいと、おじいちゃんが言ったのでしょうか。おじさんが急《いそ》いで電報で知らせてくれたのです。

「危篤《きとく》の電報では、おどろかせるだろうと、気をつかったんだろう。お葬式《そうしき》になるかもしれない。長男のまさるは、つれていこう」

お父さんは、ふたりで行くつもりのようでしたが、スミ子は、おじいちゃんに会いたいとせがみました。お父さんは、スミ子の言いなりです。

「前に行ったときは、スミ子は小さかったから、鹿児島のことをおぼえていないだろう。つれていってやろう。まさるも、つれがいたほうがよさそうだ」

お父さんは、前にまさるをひとり残《のこ》して、満州《まんしゅう》に来たことを、思い出したのです。

二月の終《お》わりに近い鹿児島は、春になろうとしていました。

氷《こおり》のハルピンから渡《わた》り鳥《どり》のように、鹿児島にやってきたのです。

毛皮《けがわ》のシューバーは、必要《ひつよう》ないくらいに暖《あたた》かく、場違《ばちが》いのようでした。

おじいちゃんは、元気がなく横《よこ》になっていました。しかし、重体《じゅうたい》の病人《びょうにん》でもなさそうでした。

「おやじ、兄さんが満州から来てくれたよ。孫《まご》もふたりつれてさ。元気だせよ」

「父ちゃん、顔色はいいね。心配《しんぱい》して、急いで来たけれど、よかった。遠くにいるから、めんどうもみてやれなくて、すまないね」

お父さんは、おじいちゃんのようすを見て、安心《あんしん》したようでした。

翌日《よくじつ》、お父さんは、スミ子たちに言いました。

「編入願《へんにゅうねが》いを出してこよう。学校を休んでいると、勉強《べんきょう》がわからなくなる。ハルピンにもどって、困《こま》るといけない」

おじいさんは、思ったほど弱っていなかったし、久《ひさ》しぶりのふるさとで、少し、鹿《か》児島《ごしま》にいようと決《き》めたのでした。

スミ子たちをつれて、母校の泊野《とまりの》小学校にでかけました。

家の近くに、川があって、きらきら光った真《ま》っ白《しろ》な石がたくさんありました。

橋《はし》がないので、川の中を渡《わた》ります。

お父さんは、スミ子たちに、毛皮《けがわ》のシューバーを着《き》せて、行きました。

鹿児島では見たこともない高価《こうか》な毛皮のシューバーです。満州《まんしゅう》に行ってえらくなったことを、知らせることができます。

スミ子は、お父さんの気持《きも》ちがわかっていましたから、シューバーはいらないとは言いませんでした。

校長室で編入《へんにゅう》をお願《ねが》いしました。

「父の病気見舞《びょうきみま》いで、ハルピンから一時帰国しましたので、その間《かん》、ふたりをあずかっていただきたいのです」

警察官《けいさつかん》の制服姿《せいふくすがた》のお父さんは、校長先生よりえらく見えました。

お父さんは、まだ、若《わか》かったのですが、満州の広野で、七年間も匪賊《ひぞく》から、日本人を守《まも》っていたのです。どうどうとしていました。

スミ子はじまんしたい気持ちでした。

三年の先生と、五年の先生が、校長室に呼《よ》ばれて、スミ子たちに会いました。

校長先生から話を聞き、そのあと、ふたりの先生は、何か話しあっていました。

そして、こんなことを言ったのです。

「あしたは、学芸会《がくげいかい》です。学芸会の準備《じゅんび》でごたごたしています。みんなに紹介《しょうかい》できれば、いいのですが、紹介は学級《がっきゅう》ですることにして、学芸会のだしものとして、何かふたりで、満州の歌などやってもらえますか。村の人も大勢《おおぜい》来ますから、満州をみんなに知ってもらうには、いい機会《きかい》だと思うんですが。急《きゅう》なので無理《むり》ですか」

スミ子は目を輝《かがや》かせました。歌なら、得意中《とくいちゅう》の得意というものです。まして、学芸会のステージで、村じゅうの見物人《けんぶつにん》を前にして歌えるなんて、夢《ゆめ》のようです。

ハルピンの学校でも学芸会はありますが、あしたの学芸会で、独唱《どくしょう》ができるなんて、こっちから、たのみたいくらいでした。

「できます!」

まさるをさしおいて、スミ子がよろこびいさんで、答えました。

「元気のいいお子さんですね」

校長先生があきれたように笑《わら》いました。つられてほかの三人の男の先生たちも笑いました。その場には、女の人は、スミ子だけだったのです。


次《つぎ》の日が、学芸会《がくげいかい》です。

「一晩《ばん》で練習《れんしゅう》しておけなんて、無理《むり》なことを言うもんだ」おじさんは、あきれていました。スミ子のことを知っているお父さんは、あわてたようすもありません。

「スミ子は、一つ返事《へんじ》で『やります』と言いはなったんだから、自信《じしん》があるんだろう。な、スミ子」

「おにいちゃん、あの歌やろうね」

「うん、いいね」

ふたりが歌う歌は、すぐに決《き》まりました。

『居庸関《きょようかん》の早春』という歌をふたりは、すぐに思《おも》い浮《う》かべました。

この歌は、満州《まんしゅう》の小学校では、六年生の最初《さいしょ》に習《なら》う歌でした。六年生は、この歌を習うと、得意《とくい》になっていつでも口ずさんでいましたから、スミ子もまさるも、知っていました。知っているだけではなく、この歌が大好《だいす》きでした。

まさるのハーモニカに合わせて、家でもよく歌っていました。

「ふたりとも、ここで、練習《れんしゅう》したらどうかね。学芸会に行けないおじいちゃんに、聞かせてやったら、よろこぶよ」

お父さんがそう言うと、おじいちゃんも、ふとんから頭を上げました。

ふたりは、講堂《こうどう》で歌うのを考えて、家族《かぞく》の前に立って、おじぎをして、本番のようにあいさつをしました。

「居庸関の早春を歌います」

一、　ゆくへ　はるけき　蒙古路《もうこじ》は
　　うねり　うねりて　雲の外
　　こほれる　土の　解《と》けそめて

草の芽《め》　もゆる　春の日に
駱駝《らくだ》の　歩み　遅《おそ》きかな
作詞　赤塚吉次郎《あかつかきちじろう》
作曲　園山民平《そのやまみんぺい》

おじいさんの家からも、おばさんや、お父さんも学芸会《がくげいかい》を見にきてくれました。

スミ子は、白い帽子《ぼうし》をかぶり、セーラー服《ふく》に白いリボンをむすんで、ステージに立つのです。

五年生の歌の後に、まさるの伴奏《ばんそう》で歌います。

昨夜《さくや》、練習《れんしゅう》しましたから、まさるのハーモニカに合わせてじょうずに歌えると、自信《じしん》がありました。ふたりは、プログラムにない飛《と》び入《い》りでしたから、先生が特別《とくべつ》に紹介《しょうかい》してくれました。

「次《つぎ》は、『居庸関《きょようかん》の早春』という歌です。吉田《よしだ》スミ子さん、まさるさん兄妹にお願《ねが》いします。ふたりは、きのう、満州《まんしゅう》から泊野《とまりの》に来ました」

まさるのじょうずなハーモニカの前奏《ぜんそう》が、高くヒロヒロと鳴り、スミ子は、ここでこそと、じまんの声で、歌いだしました。

一番を歌い、手ごたえを感《かん》じて、二番に進《すす》みます。

二、　かため　ほこりし　関門《かんもん》は
瓦崩《かわらくず》れて　苔《こけ》　むしぬ
小さき　たんぽぽ　ふみのこし
柳若葉《やなぎわかば》の　谷　越《こ》ゆる
羊《ひつじ》の　群《む》れの　遠きかな

聞き入っているみんなは、広々とした中国大陸《たいりく》の、はるかな大地が、しのばれたことでしょう。

スミ子は、独唱《どくしょう》したことに大満足《だいまんぞく》でした。

うまく歌えた手ごたえがありました。

ハルピンにいるお母さんの顔まで、浮《う》かんできました。

学芸会《がくげいかい》が終《お》わって、教室にもどった三年生の仲間《なかま》は、スミ子を囲《かこ》んで、歌のことなどを聞きたがりました。

受《う》け持《も》ちの市木《いちぎ》先生が、あらためて、スミ子がなぜ満州《まんしゅう》から泊野《とまりの》小学校に来たかを、みんなに、説明《せつめい》してくれました。

「先生、キョヨウカンて、どこにさ、あるんかな」

「中国からモンゴルへ行ける、万里《ばんり》の長城《ちょうじょう》にある、有名な関所《せきしょ》だそうだよ」

と、市木先生が、説明《せつめい》してくれました。

市木先生の声は、ゆっくり、おだやかな話し声でした。やさしい先生だろうなと、スミ子は思いました。

学校から帰ると、おばさんが、よろこんでいました。

「スミちゃん、学芸会から帰った人が、うちに来て、ほめていったよ。あんなに大勢《おおぜい》の前で、ひとりで、むつかしい歌を、立派《りっぱ》に歌ったのはえらかったってね。おばさんも、鼻《はな》が高くなったよ」

おばさんは、ちらしずしを作ってお祝《いわ》いしてくれました。

「あした、学校に行ったら、英雄《えいゆう》になっているよ」

「それは、おにいちゃんのほうでしょ」

その通《とお》りでした。まさるは、休み時間になると、せがまれて、いろいろな歌をハーモニカで吹《ふ》くようになったそうです。


勉強《べんきょう》が始《はじ》まって、スミ子は、教科書が満州から持《も》ってきたのと、ちがっているのに、ハルエの本とくらべて、気がつきました。

「先生、スミ子さんの『よみかた』は、ちがってます」

ならんですわっていたハルエが、先生に知らせました。市木先生は、「えっ！」とおどろかれて、スミ子の『よみかた』を見にきました。

そして、手に取《と》って、ぱらぱらと見て、

「満州のことを、生徒《せいと》たちに知らせようと、考えているんだね。教科書は売っていないから、ハルエさん、見せてあげなさい」

そう言って、教壇《きょうだん》にもどっていかれました。

スミ子は、ハルエの教科書をのぞいて、国語の勉強《べんきょう》をしました。

そのころ、教科書は、日本全国《ぜんこく》同じものを使《つか》っていたのです。

休み時間になってから、

「スミ子さん、本をくらべてみましょう」

と、ハルエが言うので、ふたりの本を広げますと、ほかの仲間《なかま》も寄《よ》ってきて、スミ子の本の中身《なかみ》を、読み上げては、めずらしがりました。

「ヤナギの綿毛《わたげ》って、なんだい。それが飛《と》ぶと春になる。おもしろいね」

「赤い夕陽《ゆうひ》が、遠い野原におちていく、それって、海に沈《しず》むんじゃないの。ここでは、山だけどな」

「満州《まんしゅう》の学校の本には、海とか、さくらの花のことは、書いてないね」

「満州は、日本とずいぶんちがうんだね」

「満州の国旗《こっき》は、日の丸ではないのかい」

「満州だって、日本人は、日の丸の旗をかざっているんだろ」

「ハルピンの学校では、みんな日本人だけで勉強《べんきょう》してるよ。満人は満人の学校に行ってるし、ロシア人はロシア人の学校に行ってます」

「満州では、満人やロシア人がいっしょにくらしているんかい」

「そうよ。みんなが仲良《なかよ》くくらすようにって、学校で先生が教えます。だから、満人の使う言葉《ことば》も、習《なら》っているよ」

「かっこいいなあ」

「いちばん大事《だいじ》なことはね、日本人が、みんなの手本になれるように、えらくならなきゃいけないんだって、しっかり勉強して！」

「そいじゃあ、困《こま》るなあ、おれなんか」

休み時間が終《お》わる鐘《かね》が鳴って、音楽の時間です。

教室に、オルガンが置《お》いてありました。

「音楽室はないの」

スミ子は、おどろきました。

ピアノは、講堂《こうどう》にありますが、音楽の時間は、オルガンで、教室で勉強するのです。

ハルピンの音楽室のことなど、じまんするひまは、ありません。

市木《いちぎ》先生は、オルガンをフガフガとふんで、伴奏《ばんそう》をひきました。

『富士山《ふじさん》』の歌は、スミ子の本にはありませんでしたが、スミ子は大きな声で歌いました。本を見なくても、スミ子は歌えました。

次《つぎ》は、『さくらさくら』を歌いました。

さくら　さくら　野山も里《さと》も
みわたすかぎり　かすみか　雲か
朝日に　におう
さくら　さくら　花ざかり

「ハルエさん、さくらの花ってどんな花」

スミ子は、音楽の時間が終《お》わってから、聞《き》きました。

「きれいな花よ。うすももいろの花が、あの木に、もう少しすると咲《さ》くよ。枝《えだ》が見えないほど、真綿《まわた》をくっつけたようにね」

「きれいでしょうね」

ハルエは、さくらの木も教えてくれました。

校庭《こうてい》に何本も、枯《か》れ木《き》のように枝をのばしていました。

「花が咲《さ》いたら、この下でお花見をするよ。ゴザをしいて、みんなで、ごちそうを食べながら」

「わたしは、さくらの花を見たことがないよ、見たいな」

それから、ハルエがさくらの花の絵を見せてくれました。

「さくらの花を、インホアって満州《まんしゅう》では、言うよ。でも、さくらの木は、ないの」

「さくらの花は、日本の国の花なのに？」

スミ子は、ハルエの言葉《ことば》が、心に残《のこ》りました。

泊野《とまりの》小学校では、朝と帰りにそうじがありました。

小さな学校でしたから、一年生から六年生まで、みんながそうじをします。校庭《こうてい》から、便所《べんじょ》まで、学校じゅうを、すみからすみまで、きれいにします。

スミ子は、朝のそうじはやらなくてもいいのではないか、帰りにそうじをして、きれいにしてみんなは帰ったのだから、よごれてはいないと思いました。

朝のそうじは、水が冷《つめ》たくていやでした。

「朝のそうじはやらなくてもいいんじゃないの」

思ったことを、はっきり言うことは、スミ子の性格《せいかく》でしたから、先生に言うことはできなくても、となりのハルエには言えました。

悪《わる》いことに、スミ子の声は大きかったので、市木《いちぎ》先生に聞こえてしまいました。

「スミ子さん、ハルピンの小学校では、朝そうじは、なかったのですか」

市木先生は、おだやかに聞きました。

「朝のそうじは、やりませんでした。お便所やろうかは、ボーイさんです」

スミ子は、悪びれることもなく、答えました。

「いいなあ」そんなつぶやきが、起《お》こりました。

「朝そうじをするのは、きょうも勉強《べんきょう》をがんばろう、という心がまえをもつためです。

お寺のお坊《ぼう》さんは、毎朝、暗《くら》いうちに起《お》きて、床《ゆか》みがきを毎日するのです」

日本と満州《まんしゅう》では、いろいろちがうことがあるのだと、スミ子は知りました。

学校から帰ると、おじいちゃんのようすを見ていたお父さんに、スミ子は、声をかけました。

「髪《かみ》がのびたから、床屋《とこや》さんに行きたい！」

「そんなにのびていないじゃないか」

夕方おそくなってしまうから、お父さんはめんどうだったのでしょう。とめようとしました。

「もうずっと、行ってないもの」

床屋さんに行ったら、気持《きも》ちがすっきりできるのにと、スミ子はせがみました。

おばさんが聞きつけて、

「それじゃあ、わたしがやってあげるよ。ここらでは、みんな家で髪を切っているから」

おばさんが髪を切ったら、道具《どうぐ》がないのだから、かっこ悪くなるだけだと、思って、
スミ子は、

「きょうはいいよ」と言って、あきらめました。

市木《いちぎ》先生は、声をあらげたり、手を上げて、ぶったりすることは、ありません。スミ子は、いい先生だなとうれしく思いました。

スミ子は、お父さんにあまえていましたから、市木先生にもあまえたかったのです。

なれない学校でしたが、勉強《べんきょう》は、ハルピンの学校と同じようにできました。

市木先生は、勉強が終《お》わって、帰りぎわに、テストを、毎日やりました。

「少しのことでも、つみかさねていくと、大きなことができるよ。『チリも積《つ》もれば山となる』って、知ってるかい」

そういって、小さく切った紙をわたして、

「さあ、いつものように、漢字《かんじ》を五個《こ》書いてもらう。耳をすましてよく聞くんだよ」

五個の言葉《ことば》を書いた紙を見て、ゆっくり読み上げます。先生が次《つぎ》の言葉を言うあいだに、漢字を書かなくてはなりません。終わると、黒板《こくばん》に正しい漢字を書いてくれます。

スミ子は、得意《とくい》になって、「できたあ」と言いながら、となりの席《せき》のハルエに、見せるのです。

ハルエだって、できています。でも、スミ子のように、できた、できた、できたとは、言いません。

ある日のテストに、「魚の名前のコイという漢字」が出ました。スミ子は、いくら考えても、思い出せません。

日本では、『鯉《こい》』は有名《ゆうめい》な魚ですが、満州《まんしゅう》では、ナマズです。

スミ子は書けなかったのです。

テストが終わると、ハルエは『鯉』を書けていました。ハルエは、書けたことをたいそうよろこぶようすもなく、当たり前のことのようにしていました。

スミ子は、このとき、ハルエがとても立派《りっぱ》に見えました。ひかえめにしていても、その人のよさはほかの人にもわかるのだと、気づきました。

ハルピンの小学校のすばらしさばかり考えていたスミ子は、自分をはずかしいと思ったのです。

この泊野《とまりの》小学校は、山に囲《かこ》まれた小さな学校です。スミ子よりできる子なんて、いないだろうと思っていたのです。


ネコヤナギの芽《め》ものびて、鹿児島《かごしま》は、春になっていました。

「いつまでいるのだ。満州《まんしゅう》に帰らなくて、いいのかい」

おじいちゃんが、夕飯《ゆうはん》のとき、心配《しんぱい》して、お父さんに聞きました。

「スミ子に、一度《ど》、さくらの花を見せてやりたいと、思っていたんだけど、花の咲《さ》くのは、まだ、先になるな。ハルピンでは、インホアは見られないからね」

「学校で、さくらさくらを歌って、さくらってどんな花かなって、とっても見たくなったよ」

スミ子も、そう答えました。

「さくらは、四月にならないと咲かないよ。四月には、新学期が始《はじ》まるから、そのまえに満州にもどったほうがいいと思うね」

おばさんが、きっぱりとうながしました。

「さくらもいいが、学校のほうがもっと大切だったな」

お父さんもさくらが見たかったのか、にが笑《わら》いをしました。

「四月の始業式《しぎょうしき》に間にあうように、帰るとしようか」

「おじいちゃんは、元気になったしね」

「あったかくなれば、どんどん元気になるよ」


こうして、スミ子は、さくらの花を見ないで、ハルピンにもどりました。

満州にもどってわかったこと

スミ子は、泊野小学校に通《かよ》ったので、日本の学校を体験《たいけん》できたのです。

日本では、どこの学校も、だいたい泊野小学校の生徒《せいと》のように、すごしていたでしょう。

子どももおとなも、やぶれたところに布《ぬの》をあてて、大事《だいじ》に仕事着《しごとぎ》を着ていました。子どもは、学校から帰れば、働《はたら》き手《て》として家の手伝《てつだ》いをしました。そのため、友だちと遊《あそ》ぶことはありません。

学級《がっきゅう》の女の子も、三年生だけれど、子守《こもり》などをします。勉強《べんきょう》は、学校でするだけで、宿題《しゅくだい》などはありません。

ハルピンにもどってから、日本の田舎《いなか》の生活は、ハルピンととてもちがうことがわかりました。スミ子は、二つの学校をくらべることができました。それは、日本と満《まん》州《しゅう》とのちがいでした。

満州の人々の生活は、どんどん変《か》わっています。いろいろな国の人が、ちがった生活をして、いっしょにくらしています。

着ている服《ふく》も、みんながちがっています。日本のお母さんは、きものです。中国人はズボン、上に長いコート。日本人のお父さんは、かならず中おれ帽子《ぼうし》。中国人はひさしのないキャップ。モンゴル人は太いズボン。ロシア人は毛皮《けがわ》のシューバー。ロシア人がいちばんお金持《かねも》ちです。

店も、その国の物《もの》を売っています。いちばん多く店を出しているのは、やはり、中国人です。中国人は、明るい色が好《す》きですから、赤い提灯《ちょうちん》などをかざっています。

ハルピンで生活している人々は、希望《きぼう》がもてるのか、いきいきと働いています。

泊野《とまりの》の友だちは、親の言いつけで毎日をすごしていましたが、ハルピンでは、子どもたちは公園や野原で、子どもたちの仲間《なかま》と遊んでいます。家の手伝いをしているのは、満人の子どもで、ロシア人も日本人も子どもは遊んでいます。それには、わけがあります。日本人やロシア人の子どもの親の仕事が、会社や役所《やくしょ》で働いていたからです。

スミ子は、お父さんのふるさとの泊野小学校のことを思い出しては、ハルエちゃんはどうしてるかなと考えました。

スミ子は、満州にもどってきて、ハルエに聞かれたことが気になっていました。それは、満州国に住《す》んでいるスミ子は、日本人ではなくなったのか、という心配《しんぱい》でした。満州は、新しく満州国になったのです。それは、昭和《しょうわ》七年の三月一日でした。あれから、生活は何も変《か》わっていないのに、国のしくみだけが変化《へんか》したようでした。

昭和《しょうわ》九年は、吉田《よしだ》家の引《ひ》っ越《こ》しがあり、住《す》むところがハルピンになったこともあって、まわりがあわただしくなったのを、住んでいる人がちがったためだと思っていました。

満州国《まんしゅうこく》というのは、中国の満州地方ということではなく、日本の満州ということでもなく、新しく満州国ができ、満州帝国《ていこく》となって、溥儀皇帝《ふぎこうてい》の治《おさ》める国になったのです。

スミ子は、小学校四年生になる昭和十年に、気がついたことでした。

スミ子は、学校で習《なら》うことは、満州国人としての心がまえではなく、日本人としてと、先生が教えることで、頭が混乱《こんらん》しました。

兄のまさるも、スミ子と同じように混乱していました。

「国立というのは、日本国立なの、満州国立なの、どっちですか」

お父さんは、

「そのどちらもある、満州国のできていなかった以前《いぜん》のものは、日本国立で、満州国が成立《せいりつ》してからできたものは、満州国立だ」と、答えました。

「それでは、満州国は、日本の中に、入っているのですか」

まさるは、よくわからないようでした。

満州に住んでいる日本人は、満州国人とは思っていません。中国人も同じでしょう。満州国に住んでいる日本人は、ほかの国の人とくらべて、人口がいちばん少なかったのです。

いちばん少ない民族《みんぞく》の日本人が、『五族協和《ごぞくきょうわ》』と呼《よ》びかけて、いちばん多い中国人つまり、満人をおさえこもうとしたのです。

まさるの自立

関東軍《かんとうぐん》は、満州を日本だけのための土地にしようと、やっきになっていましたから、中国軍《ぐん》やソ連軍《れんぐん》を追《お》いだして、南満州鉄道《てつどう》だけではなく、北や西、東へとのびていた鉄道を手に入れていきました。

工場も建《た》て、大勢《おおぜい》の中国人をやといました。しかし、工場の指揮《しき》をとるのは、学のある日本人がやらなくてはなりませんでした。そのために、会社の学校をも建てたのです。

まさるは、発展《はってん》していく工場で働《はたら》きたいと思っていたらしく、

「ぼくは、電業株式会社《でんぎょうかぶしきがいしゃ》を受験《じゅけん》したいです。会社には養成所《ようせいじょ》と、寮《りょう》があるんだそうです」と、自分で決《き》めて、たのみました。

お父さんは、中学校に進学《しんがく》してもらいたかったらしく、しぶい顔をしました。

昭和《しょうわ》十一年に、ハルピンに中学校ができたのです。

「中学校を卒業《そつぎょう》してから、会社の試験《しけん》を受《う》けるよりも、会社の養成《ようせい》学校なら、卒業と同時にその会社で働けるのだから、むだがないと思いますよ」

まさるは、会社の宣伝《せんでん》をする人が学校に来て、すすめたのを聞いたのでしょうか。

お父さんも気がついたようでした。

「お父さんは、いつかは、また、近いうちに、転勤《てんきん》になるでしょう。そうなったら、ぼくがハルピンの中学校に進学していれば、ひとりでくらすことになるでしょう。無《む》

理《り》ですよ」

警察官《けいさつかん》は、転勤がつきものです。

妹のテル子が桃山《ももやま》小学校に入学したとき、まさるは、会社の寮に入ったのです。スミ子は、五年生になりました。

ハルピンにたくさんの日本人が来て、学校に入りきらなくなりました。スミ子の通《かよ》っている『ハルピン高等《こうとう》小学校』が、『桃山小学校』と名前を変《か》えたのは、三棵樹《さんかじゅ》に『花園小学校』が分校されたためです。花園小学校ができるまでは、桃山小学校に生徒《せいと》が来ていましたから、教室もいっぱい、ろうかまで机《つくえ》を置《お》くありさまでした。

生徒はどんどん増《ふ》えていましたから、第《だい》三小学校まで造《つく》らなくてはならなくなっていました。

第三小学校は、桜《さくら》小学校といいました。

スミ子の反抗《はんこう》

スミ子の反抗期はとつぜんにあらわれました。

兄まさるが、桃山《ももやま》小学校を卒業《そつぎょう》すると、家からいなくなったこともありました。お父さんも遠くの仕事《しごと》が多くなって、家にもどらない日が増《ふ》えました。家には、妹のテル子と秀子《ひでこ》と女ばかりになりました。

シェパードのタローの世話《せわ》は、スミ子の役目《やくめ》になりました。

五年生になったスミ子の受《う》け持《も》ちの原田《はらだ》先生が、男のくせに変《へん》にへなへなして、スミ子の好《す》きなタイプでないのです。

家であまえていたおにいちゃんはいなくなるし、お父さんも忙《いそが》しくなるし、スミ子のいらいらする気持《きも》ちをやわらげてくれる人がいないのです。

受け持ちの原田先生は、宿題《しゅくだい》をたくさん出しました。

「高等《こうとう》女学校に入学するには、入学試験《しけん》がとてもむずかしいから、五年生の今から勉強《べんきょう》をしっかりやっておかなくては、間にあわないぞ」

と、口ぐせのようにいいました。

漢字《かんじ》を百字書くことが毎日の宿題でした。算数のある日には、練習問題《れんしゅうもんだい》を十問といてくることになります。ときどき、作文も書かされました。作文の試験もあったのです。

兄の役目《やくめ》だったタローの散歩《さんぽ》を、スミ子はしなければなりません。タローは、まさるになついていて、おとなしく散歩していましたが、スミ子と散歩するときはちがいました。シェパードのタローは、スミ子くらいの大きさになっていましたから、引《ひ》き綱《づな》をひっぱられると、転《ころ》びそうになります。

一年生になったテル子のめんどうもみないといけないのでした。お母さんは、幼《おさな》い秀子に手がかかっていました。

そんなこんなで、スミ子は、パニックになっていました。

宿題ができない日がありました。その日、原田先生も気分が悪《わる》かったのでしょうか、「きょう宿題をやってこなかったのは吉田《よしだ》ひとりだな」と、すごんだのです。スミ子は、「すみません」と頭をさげればよかったのですが、「だって、時間がなかったんです」と、あまえた気持《きも》ちで言《い》いかえしたのです。

「みんなができたのに、おまえひとりやれないなんて、たいまんだ」

原田《はらだ》先生は、男の子をおこるような調子《ちょうし》で、スミ子をしかりました。

いじっぱりのスミ子は、カチンときました。

わたしが、どれほど忙《いそが》しかったか、先生は知らないくせに、みんなと同じでなかったのを知ろうともしないと、腹《はら》の底《そこ》から、いかりがわきました。それで、真《ま》っ赤《か》な顔になって、目をすえて、にらみつけました。

「なんだ！　その態度《たいど》は！」

原田先生は、静《しず》まりかえった教室のガラス戸をふるわせるような大声をあげて、

「きょうは、吉田《よしだ》ひとりでそうじをさせる。みんなは帰ってよし」

まだ新しい教室の床《ゆか》は、泊野《とまりの》小学校のように、水ぶきせずに、モップかけをして、机《つくえ》の上をふき、黒板《こくばん》のハクボクの粉《こな》をはたけばよかったのです。ひとりでもそんなに大さわぎしなくてもよかったのです。

しかし、スミ子は、急《いそ》いでそうじして、さっさと帰ることはしませんでした。原田

先生をちらちら見ながら、ていねいに机をそろえたりしています。

原田先生は、スミ子を置《お》いて教員室にもどれず、教卓《きょうたく》にすわっていました。それは、教室に鍵《かぎ》をかけてから教室を出なければいけないきまりになっていたからです。スミ子は、いらついている原田先生をみやぶっていました。

「もう、きれいになった。帰ってよし」たまりかねて、先生が許《ゆる》しました。

スミ子はさようならも言わずに帰りました。

原田先生は、スミ子はひとりそうじをさせられおどろいて、二度《ど》と宿題《しゅくだい》をやらずにくることはないだろうと、思っていました。

それから数日たって、また、スミ子は、宿題をやってきませんでした。原田先生は、宿題をやってこなかったものを、全員残《ぜんいんのこ》しました。十人もいましたからそうじをやらせるには、人数が多すぎました。

教壇《きょうだん》の前に一列《れつ》に立たせて、説教《せっきょう》しようとしました。

スミ子は右端《みぎはし》に立っていました。この前のことで、こりているはずなのに、スミ子は平然《へいぜん》としていました。

「ばかもの」原田《はらだ》先生は、スミ子のほおをはたきました。いかりにまかせて、両手《りょうて》を使《つか》ってはたきました。気持《きも》ちが高ぶった先生は、説教《せっきょう》ができませんでした。

「きょうの宿題《しゅくだい》をやって明日《あす》見せなさい、きょうは、帰れ」

先生は、自分を失《うしな》って、そうどなりました。

スミ子のほかの九人は、さようならの礼《れい》をして、教室を出ました。スミ子は、ほてったほおを両手《りょうて》でおおって、走り去《さ》りました。

〈わたしだけをはたいた。先生は、エコヒイキしている〉

この心の叫《さけ》びは、何度《なんど》もスミ子をおそいました。しかし、スミ子は、泣《な》きねいりするようなよわむしではありませんでした。家でのお手伝《てつだ》いがあって、宿題をやりきれなくても、学校を休むことはありません。ひとりで残《のこ》りそうじをさせられても、次《つぎ》の日には、いさんで学校にでかけました。

テル子と手をつないで、走っていくこともありました。

スミ子の反抗《はんこう》は、強くなってさえいました。

ある日のテストに、答えをまったく書かないで提出《ていしゅつ》したのです。原田先生は、スミ子を呼《よ》んで、長い時間をかけてしかりました。

スミ子が、原田先生に反抗しているのを、光江《みつえ》は、心配《しんぱい》していました。

「スミちゃん、なぜ、先生のおっしゃることが聞けないの」

光江は、満州《まんしゅう》でもゆびおりのお金持《かねも》ちのおじょうさまでした。とてもよく勉強《べんきょう》のできるすなおな生徒《せいと》でした。

「わたし、先生に悪《わる》く思われているから、いいの」

スミ子は、すねたように答えました。

「スミちゃんは、女学校に行きたいと、思っていらっしゃるんでしょう。勉強をしっかりやっておかないと、いけないことよ」

スミ子は、そういわれると、胸《むね》の内にしまっていることを話しました。

「わたしね、先生になりたいと、小さいときから思っているの。大好《だいす》きなおねえさんが、近所《きんじょ》にいて、やさしくしてもらって、その人が、先生になったのよ」

「スミちゃんは、先のことまで考えてるのね、えらいわ。それなのに、なぜ、勉強しないの」

光江《みつえ》は、やさしくたずねました。

「わたし、見ちゃったのよ。原田《はらだ》先生がえこひいきしているのを。わたしが、ひとりで残《のこ》りそうじしているとき、ある人のお母さんが来てね、先生におくりものを届《とど》けたのよ。そしたら、そのあとの先生の態度《たいど》が変《か》わったのよ」

「それで、おこっているの」

「先生が、えこひいきしては、いけないでしょ」

「そうね、いけないわね」

光江は、すなおにスミ子の言うことにさからいませんでした。

「わたしは、進学《しんがく》したい女学校を決《き》めてるのよ。新京《しんきょう》の敷島高等《しきしまこうとう》女学校なの。音楽を教えてくださるよい先生がいらっしゃるそうよ」

光江は、スミ子の変化《へんか》をさぐるようにして、言いそえました。歌を歌うのが大好《だいす》きなスミ子でしたから。スミ子は、光江を見ました。

「わたし、勉強はちゃんとやります」スミ子は気持《きも》ちを変《か》えたようでした。

昭和《しょうわ》十二年のハルピンで

日本の軍隊《ぐんたい》は、ソ連軍《れんぐん》と中国軍が協力《きょうりょく》しあって、満州国《まんしゅうこく》にせめこんでくるという予想《よそう》をして、戦《いくさ》に必要《ひつよう》な鉄《てつ》や石油などが、満州だけでは足らないので、中国の華北《かほく》という地域《ちいき》を、なんとか日本の自由《じゆう》にしたいと、動《うご》いていました。そういうことで、兵《へい》隊《たい》を送《おく》って訓練《くんれん》をさせていました。

二十歳《さい》になって初年兵《しょねんへい》になると、中国で訓練させていたのです。日本は、中国に無《む》理《り》なことをいっていましたので、反乱《はんらん》もいっぱい起《お》こっていました。

日本が満州国を中国の反対《はんたい》を押《お》しきって成立《せいりつ》させたころから、アメリカやイギリスなどとも、仲《なか》が悪《わる》くなっていました。アメリカからは、鉄や石油を輸入《ゆにゅう》していましたから、それがとめられたら、日本は武器《ぶき》も造《つく》れなくなりますし、軍艦《ぐんかん》も飛行機《ひこうき》も動かせなくなるのです。

このころ、中国は、清朝《しんちょう》という皇帝《こうてい》の治《おさ》める国から、革命《かくめい》で中華民国《ちゅうかみんこく》という、共和《きょうわ》国《こく》になっていました。蔣介石《しょうかいせき》が総統《そうとう》という地位《ちい》で、南京城《なんきんじょう》で治《おさ》めていました。南京が都《みやこ》になったのは、昭和《しょうわ》四年でした。それまでは、中国の政治《せいじ》の中心になっていたのは、北京《ペキン》だったのです。北京は都でなくなり北平《ぺいぴん》と呼《よ》び名《な》を変《か》えました。

日本は、満州《まんしゅう》だけでなく、満州国に近い華北《かほく》から、さらに南の上海《シャンハイ》まで、支那駐《しなちゅう》屯軍《とんぐん》を送《おく》って、現地《げんち》で兵隊《へいたい》の射撃訓練《しゃげきくんれん》などをさせていました。

もし、争《あらそ》いごとが起《お》こったら、すぐにしずめることができるのです。いや、争いごとが起こらないようにしていたのです。日本には、こんなに強い軍隊《ぐんたい》があるのだと、見せつけていたのでしょう。

おそれていたことか、それとも、願《ねが》っていたことか、七月七日の夜中、暗《くら》やみの中で、発砲事件《はっぽうじけん》が起こってしまいます。盧溝橋《ろこうきょう》事件といいました。

「めんどうなことが起こった。早く仲裁《ちゅうさい》して争いをやめよう」と考えたのは、日本の支那駐屯軍と中国軍の大将《たいしょう》で、争いをやめにしたのです。

しかし、知らせを受《う》けた東京の軍の司令部《しれいぶ》は、「よい機会《きかい》だ。一撃《いちげき》のもとで、蔣介石をへこまして、中国を自由《じゆう》にできる」と、師団《しだん》という大きな軍隊を、急《いそ》いで、上海《シャンハイ》に向《む》かわせました。日本と中国が戦《たたか》う大戦争《だいせんそう》になりました。中国軍は、あまり戦《たたか》わずに奥地《おくち》へと逃《に》げていくのです。日本軍は、勝《か》っていると思っていましたから、まもなく降参《こうさん》してくるだろうと思いました。

日本軍は、戦いを始《はじ》めた七月から半年後の十二月に、南京城をせめ落《お》としました。中国の都をせめ落としたので、日本じゅうがおおよろこびをしてお祝《いわ》いをしたそうです。戦争は、日本が勝利《しょうり》して終《お》わったと思ったのです。

蔣介石は、南京城にはいませんでした。どんなことになっても、逃げきって、降参しないと、かたく決心《けっしん》していたのです。

はるか遠い重慶《じゅうけい》に、都を移《うつ》して、戦いを続《つづ》けました。

そのころ、重慶は、揚子江《ヤンツーチャン》の上流《じょうりゅう》で汽船が入るほどの水利《すいり》がありましたが、都になるほどのにぎわいはなかったのです。

日本軍は、この戦いは、中国軍のほうから発砲《はっぽう》してしかけたものだから、蔣介石にあやまってもらわなくては、戦《たたか》いをやめられないとしていました。つまり、正義《せいぎ》の戦いだというわけです。

こんな大さわぎが起《お》こっている昭和《しょうわ》十二年、スミ子は、桃山《ももやま》小学校の六年生になっていました。

スミ子は、五年生のときとはちがって、楽しい学校生活になっていました。学級担任《がっきゅうたんにん》が、福山基《ふくやまはじめ》というやさしい先生になったのです。福山先生は、スミ子がてこずった生徒《せいと》だったということは知らないのか、知っていても気にかけなかったのか、みんなと同じにみてくれました。

スミ子は、いきいきと勉強《べんきょう》ができました。遊《あそ》び時間になれば、先生を囲《かこ》んで、わいわいさわいだり、にぎやかな六年三組の女子組でした。

桃山小学校の先生がたは、ほとんどが、男の先生でした。

スミ子が六年生のときには、女の先生は、お裁縫《さいほう》の先生だけでした。

南京城《なんきんじょう》に日本軍《にほんぐん》がせめこんだという知らせは、満州《まんしゅう》にもありましたが、学校は冬休みになっていました。生徒を集《あつ》めてその話などはありませんでした。

お父さんが帰ってきて、

「戦場《せんじょう》が広くなって、これからはたいへんになってしまうな」

と、顔をくもらせていました。

「日本軍は、いさましいですね」

と、お母さんは、よろこんでいました。

親友ができて

ハルピンの十二月は、凍《こお》りついた夜空に星が光っています。

スミ子は、福山先生が気に入っていましたので、宿題《しゅくだい》も忘《わす》れずにやっていましたし、お母さんも、スミ子の勉強が進《すす》むように考えてくれましたので、受験《じゅけん》勉強もはかどりました。

五年生のときスミ子の反抗《はんこう》を心配《しんぱい》してくれた光江《みつえ》は、スミ子の元気なところが気に入ったのか、親しくしてくれました。

「わたくしは、敷島《しきしま》高女に決《き》めてるの」

スミ子もできることなら敷島《しきしま》高女に進学《しんがく》したいと、思《おも》い悩《なや》んでいました。いちばん大きな理由《りゆう》は、ピアノの先生がいるという光江《みつえ》の話からでした。もうひとつは、光江が、とても優秀《ゆうしゅう》なおじょうさまで、陽子《ようこ》というこれまた優秀な女子と仲良《なかよ》くしていて、スミ子を仲間《なかま》に入れてくれたからです。理想《りそう》の高い友だちといっしょだと、しあわせでした。

「わたしたち、敷島に進学したいの」

と、言うのです。スミ子には、手の届《とど》かないことでした。

敷島高等《こうとう》女学校は、新京《しんきょう》という満州国《まんしゅうこく》の首都《しゅと》にあって、ハルピンに住《す》んでいる者《もの》には、受験《じゅけん》ができませんでした。受験ができて、合格《ごうかく》すれば、家から通学《つうがく》しなくてもよいように、学寮《がくりょう》があったのです。

光江たちは、受験の前に、新京に住所《じゅうしょ》を移《うつ》すのだそうです。

「お父さまが、新京に住《す》まいを変《か》えてくださるの。敷島高女には、新京に住んでいないと、受験できないのですって」

「陽子さんも、敷島高女に進《すす》むの」

スミ子は、仲良しになったふたりとの別《わか》れもつらい思いがありました。しかし、お父さんの仕事《しごと》は、自分の勝手《かって》に決《き》められません。新京に住所を移《うつ》してくれと、かんたんにいきません。

スミ子はあきらめて、敷島高女に進学したいとは、お父さんに言い出しませんでした。スミ子のことをいちばんに気にかけてくれるお父さんを困《こま》らせると思ったからです。

仲良しの友は、十二月の冬休みに転校《てんこう》していきました。

スミ子は、ハルピン高女の試験《しけん》を受《う》けることにして、熱心《ねっしん》に勉強《べんきょう》をして、四月には、合格して、入学ができましたが、ピアノを教えてくれるよい先生がいないことが、わかりました。

敷島高女に進学した光江から、学校のようすを知らせるはがきが届《とど》きました。

『ハルピン高女は、いかがですか。希望《きぼう》どおりによい音楽の先生はいらっしゃいましたか。敷島高女は、校名にたがわず、すばらしい先生がたがそろっていらっしゃいます……』

スミ子の心も知らぬかのような、このはがきに、勝《か》ち気《き》なスミ子もなみだをこぼしました。

敷島《しきしま》高女に転校

スミ子の思いが、神《かみ》に通《つう》じたのか、お父さんが、困惑《こんわく》して相談《そうだん》したのは、四月もだいぶたってからでした。

「スミ子、困《こま》ったことになったよ。お父さんは、新京《しんきょう》に、一時的に、転居《てんきょ》しなくてはならなくなった」

「え！」

一月《ひとつき》前ならよかったのに、今になって！と、スミ子はおどろきました。

「満州《まんしゅう》にいる警察官《けいさつかん》の多くが、北支《ほくし》（中国の北部《ほくぶ》）に移動《いどう》させられているのだ。日本《にほん》軍《ぐん》が、南京城《なんきんじょう》をせめ落《お》としてからだ」

「お父さんも北支に行くの」

「まだ、行き先は、決《き》まっていないが、いずれそうなるだろう」

「わたしは、ハルピン高女に残《のこ》るの？　みんなが、新京に行ってしまっても？」

「新京にも、高等《こうとう》女学校があるだろう。そこへ転校したらいいだろう」

「信《しん》じられない！」

「行きたくないのか」

「敷島高女なら行きたい。でも今さら行けるのかしら」

お父さんは、こういうとき、行動《こうどう》がすばやいのです。すぐ、敷島高女に連絡《れんらく》をとってくれました。

住所変更《じゅうしょへんこう》をし、学校に聞きにいったのです。

学校の返事《へんじ》は、『ハルピン高女の入試《にゅうし》の成績《せいせき》で判断《はんだん》し』てくれるそうでした。

「やったあ！　しあわせ！　わたしにこんなしあわせがまわってきたなんて信《しん》じられない」

スミ子は、とびはねました。

「まだ、入学許可《きょか》がおりたわけじゃないぞ」

お父さんは、いましめました。

「だいじょうぶよ。ハルピン高女の入試《にゅうし》の成績《せいせき》は、できていたもの」

「敷島《しきしま》は格式《かくしき》が高いのだそうだよ。満州《まんしゅう》の学習院《がくしゅういん》と言われているそうだよ。なぜ、敷島高女に行きたいのだね」

スミ子は、くわしい理由《りゆう》は言いませんでしたが、音楽の勉強《べんきょう》がしたいということは、お父さんにつたえました。スミ子が音楽を好《す》きなのは、お父さんもよく知っていました。

吉田《よしだ》家一家は、新京《しんきょう》に転居《てんきょ》しました。

新京は、ハルピンと奉天《ほうてん》の中間にありました。日本が満州国の首都《しゅと》にさだめ、長春《ちょうしゅん》というもとの地名を新京と変《か》えたのです。

アジア号という特急列車《とっきゅうれっしゃ》も、はじめは、新京が終着駅《しゅうちゃくえき》でした。南満州鉄道《てつどう》も同じでした。

新京は、日本人が街《まち》の設計《せっけい》をして整備《せいび》したので、日本人に都合《つごう》よくなっていました。軍《ぐん》の司令部《しれいぶ》も、政治《せいじ》をする役人《やくにん》もここに集《あつ》められていました。満州を開拓《かいたく》するための役所《やくしょ》も本部《ほんぶ》は、ここ新京にありました。

そのうえ、満州にもとから住《す》んでいた満人とは、日本人の住所《じゅうしょ》は、わけられていました。新しくできた区画《くかく》には、ほかの民族《みんぞく》は入らないようにしたのです。新京は日本のためにある首都《しゅと》でした。

満州国は、五族協和《ごぞくきょうわ》のはずでしたが。

ハルピンは、ロシアに通《つう》じた鉄道《てつどう》が、ロシア人の手で北に向《む》かって造《つく》られていましたが、新京は、西の北京《ペキン》や、東の延吉《えんきつ》へと通じていました。

スミ子は、ハルピン高女入学試験《しけん》の成績がそのまま活用され、敷島高女に、追《つい》試験もなく編入《へんにゅう》が許可《きょか》されました。

「お父さんは、またいつ移動命令《いどうめいれい》が出るかわかりませんから、寮《りょう》に入ったほうがよいと思います」

お母さんのすすめで、スミ子は、杏花《きょうか》寮に入りました。

桃山《ももやま》小学校で仲良《なかよ》しだった光江《みつえ》が、スミ子が転入《てんにゅう》したのを知って、かけつけてくれました。

「スミちゃん、おめでとう！」

「また、三人がいっしょになれたのね」

敷島《しきしま》高女は、気品のある淑女《しゅくじょ》を育てるという学校の教えが、校内に満《み》ちていました。三クラスありました。

スミ子は、桃山《ももやま》小学校の続《つづ》きのようなしあわせな気持《きも》ちでした。特別《とくべつ》に集《あつ》められたおじょうさまに、なんのひけめももっていませんでした。

お父さんは警察官《けいさつかん》として、力をもっていました。お金がなくて困《こま》るということもありませんでしたが、家のお手伝《てつだ》いをたのむ人は、やとっていませんでした。

家のことは、スミ子も手伝っていました。ですから、ボーイや女中さんをたくさん置《お》いている家のおじょうさまより、身《み》のこなしなどが活発《かっぱつ》だったのです。

「スミ子、お父さんは、転勤《てんきん》することになったよ」

と、言われたのは、一か月すぎたときでした。

「やっぱり、転勤なのね。遠いとこなの」

「遠いよ。張家口《チャンチャコウ》というところだよ。スミ子は、寮《りょう》に入ったから心配《しんぱい》ない。家族《かぞく》で張家口に移《うつ》るからね。学校が休みになったら、来ればいい」

「わかりました。親友もいるから、さびしくないや、今だって家族といっしょじゃないものね」

「家族が、三か所《しょ》にわかれてしまうのね。手紙を出して連絡《れんらく》をとりあいましょう」

お母さんが、気がかりなようすでした。妹たちはまだ小さかったので、どういうことになっているのか、わからないようでした。

アンズの花盛《はなざか》りの五月、スミ子は、ひとり、新京《しんきょう》に残《のこ》りました。

ピアノを習《なら》う

敷島高女には、学習《がくしゅう》に使《つか》う教材《きょうざい》がそろっていましたが、特《とく》に、楽器《がっき》がたくさんありました。オルガンは、桃山《ももやま》小学校にもありましたが、敷島高女には、ピアノも生徒用《せいとよう》が置《お》かれていました。新しいピアノを買うと、今まで使《つか》っていたピアノを、生徒が使《つか》ってもよいように運《はこ》び出《だ》してありました。

オルガンとピアノでは音色がまったくちがっています。演奏《えんそう》の仕方《しかた》もまったくちがいます。

スミ子は、ピアノを勉強《べんきょう》したいと、敷島《しきしま》高女に進学《しんがく》したのですから、ピアノのレッスンを、どのようにしたら受《う》けられるか、考えていました。光江《みつえ》も陽子《ようこ》もピアノの先生についてレッスンを受けていました。スミ子は学校の寮《りょう》に入っていますから、家庭《かてい》教師《きょうし》の指導《しどう》は受けられないのです。バイエルという練習曲《れんしゅうきょく》から始《はじ》めて教えてもらうのだそうです。

音楽の授業《じゅぎょう》は、ことのほか熱心《ねっしん》に受けました。

スミ子は、自分の声が、先生に聞こえるように、大きな声で歌いました。歌がじょうずだということを、先生にみとめてもらうことから始めました。

音楽の先生からみとめてもらわないと、お願《ねが》いを聞いてもらえないことをスミ子は知っていました。

音楽の時間は、もう休み時間から音楽室に行って、いちばん前の席《せき》にすわっています。

スミ子は、小学校のときには、背《せ》が低《ひく》いほうでしたから、座席《ざせき》はいつも前でした。前の席は、先生から注意《ちゅうい》を受《う》けやすいので、小学生のときは、あまり好《す》きではありませんでした。

音楽の先生は、細田《さいた》という若《わか》い男の先生で、ピアノがとびきりじょうずという評判《ひょうばん》でした。ときどき、教科書にないモーツァルトの曲《きょく》や、シューベルトの曲をひいてくれました。

スミ子は、夢《ゆめ》を見ているように、うっとりと聞きほれたのです。

スミ子は、決心《けっしん》しました。勇気《ゆうき》を出して、音楽の細田先生にお願いしてみることにしたのです。断《ことわ》られても、何もしないでいるよりはよいと、思いました。

細田先生にピアノを教えてくださいとたのむのは、悪《わる》いことではないと、気づいたのです。

「わたくしは、先生になりたいと思っています。敷島高女に志願《しがん》しましたのは、ピアノがじょうずな先生がいらっしゃるのを知ったからでした。

父が張家口《チャンチャコウ》に勤務《きんむ》しておりますから、寮に入っております。家庭教師にもつけません。わたくしにピアノを教えていただけませんでしょうか」

スミ子は、こんなことを書いたお願《ねが》い文を何回も読んで、そらで言えるようにして、音楽の細田《さいた》先生に会うのをうかがっていました。

スミ子は、床屋《とこや》に行って髪《かみ》をととのえ、いつ細田先生に会ってもいいようにして待《ま》ちました。

ついに、そのチャンスがきました。明るい日差《ひざ》しの校庭《こうてい》で、細田先生がこちらにひとりで歩いてこられるのです。スミ子は、これが待《ま》ち望《のぞ》んだときだと一瞬《いっしゅん》でわかりました。

「細田先生、わたくしは、できたら音楽の先生になりたいと思っています。それで、ピアノを習《なら》いたいのですが、教えていただけますでしょうか」

細田先生は、スミ子をまじまじと見つめてから、授業中《じゅぎょうちゅう》のスミ子を思《おも》い描《えが》いているようにして、

「音楽が好《す》きなんですね」と、うれしそうにおっしゃいました。

スミ子は、音楽のテストに満点《まんてん》をとり、特別《とくべつ》に模範答案《もはんとうあん》として、はりだされたこと

があったのです。

「音楽の先生になりたいのですか、いいですね。ピアノをみてあげますよ」

細田先生が、こころよく承知《しょうち》してくださったことに、スミ子はおどろきながらも、大きなやさしさにつつまれて、しあわせでした。

「今は、戦争《せんそう》が世《よ》の中《なか》を変《か》えようとしています。芸術的《げいじゅつてき》な音楽もなくなるかもしれません。放課後《ほうかご》、時間のあるときには、ピアノを教えてあげましょう」

緊張《きんちょう》していたスミ子は、胸《むね》がいっぱいになりました。

ピアノのレッスンが受《う》けられるというよろこびで、細田先生の思いまでは、気がつかなかったスミ子でした。

細田先生は、音楽室のグランドピアノを使《つか》って、バイエルから教えてくださいました。

スミ子は、手ほどきが終《お》わった曲《きょく》を、生徒用《せいとよう》のピアノに向《む》かって、何度《なんど》も練習《れんしゅう》をしました。早くソナタがひけるようになりたい一心でした。

スミ子は、ピアノの練習に夢中《むちゅう》でした。寮《りょう》の生活は、自由《じゆう》な時間がありません。それで、スミ子は、朝《あさ》ごはんの時間を、練習《れんしゅう》に当てました。食堂《しょくどう》でみんなが食事《しょくじ》しているとき、ピアノをひいたのです。朝ごはんを食べないでピアノを練習したのです。みんなが食事を終《お》えて、お昼のお弁当《べんとう》をもらうのを見はからって、スミ子は食堂にかけこみました。ごはんがいちばんたくさん入っている弁当箱《べんとうばこ》がねらいです。朝ごはんを食べなかったぶん、お弁当をたくさん食べるのです。

弁当箱は、大、中、小とあって、ごはんがつめられていました。

こんななみだぐましい練習をして、スミ子のピアノは上達《じょうたつ》していきました。

「お父さん、スミ子は、念願《ねんがん》のピアノのレッスンを受《う》けています。すごくじょうずな先生について、練習しています。学校の先生になるには、ピアノがひけないといけませんからね。スミ子は、学校の先生になりたいのです。音楽が好《す》きなのは、それ以《い》上《じょう》ですけど。夏休みになったら、張家口《チャンチャコウ》に行きます。みんなに会いたいです。道順《みちじゅん》を教えてください……」

スミ子は、うれしくて長い手紙を出しました。手紙の最後《さいご》には、おこづかいのお願《ねが》いも忘《わす》れませんでした。

「お裁縫《さいほう》で、使《つか》う布《ぬの》を買わなくてはいけないので、お金を多めに送《おく》ってください。夏休みが待《ま》ちどおしいです……」

お父さんは、返事《へんじ》とは別《べつ》に、すぐに、電報為替《でんぽうかわせ》で、多めにお金をふりこんでくれました。

スミ子は、いつでも使いたいお金を持《も》っていました。お金持ちの光江《みつえ》や、陽子《ようこ》と、引けをとらないようにしていたのでした。

「お金づかいがあらいですね」と、寮《りょう》の先生から注意《ちゅうい》を受けることもありました。

敷島《しきしま》高女に来て、スミ子たちは、四人のグループになりました。

四人は、クラスのトップでした。学習《がくしゅう》でトップが光江。陽子が二番、スミ子は音楽と体操《たいそう》が特《とく》に優《すぐ》れていました。

戦争《せんそう》が始《はじ》まって、みんなで歌う歌は、朝夕学校をあげて歌うのでした。じょうずなスミ子はときどき、手本としてみんなの前で独唱《どくしょう》させられました。なんともおもはゆいよろこびでした。戦争中なので、歌ってよい外国曲《がいこくきょく》は、ドイツとイタリアの曲でした。
このころ、女子も体をきたえることがよいこととされていました。スミ子はこの体を動《うご》かす体操《たいそう》も、短《みじか》いブルマーをつけて、運動《うんどう》をしました。スミ子はこの体を動かす体操競技《きょうぎ》が得意《とくい》でした。

光江《みつえ》たちは、スミ子を尊敬《そんけい》していました。そのスミ子が、敷島《しきしま》高女の名高いピアノの先生についてレッスンを始《はじ》めたことを知って、羨望《せんぼう》のまなざしを送《おく》りました。

張家口《チャンチャコウ》に帰省《きせい》

家族《かぞく》のいる内蒙古《うちもうこ》の張家口は、新京《しんきょう》とくらべたら田舎《いなか》で、砂漠《さばく》の中です。帰省するときには、スミ子は、妹たちに、おしゃれな服地《ふくじ》を買っていきます。服地は、裁縫《さいほう》の好《す》きな母が、服に仕立《した》ててくれるからです。また、お金持《かねも》ちの光江が、妹たちに気に入りそうなかわいい服を、たくさん用意《ようい》して、持たせてくれました。

おとなたちへのお土産《みやげ》は、日持ちのする月餅《げっぺい》にしました。

張家口に行くには、乗《の》り継《つ》ぎなしでいける列車《れっしゃ》がありました。

新京駅で、二等車《とうしゃ》の急行《きゅうこう》列車の切符《きっぷ》を買って乗りこみます。日本人は、三等車にはあまり乗りません。満人《まんじん》が多く乗っているからです。

スミ子は、お土産を入れたトランクを網《あみ》だなにのせ、お菓子《かし》などを入れた小さなつつみをひざの上に置《お》いて、ゆったりと、すわっていました。満州《まんしゅう》は広いですから、奉天《ほうてん》をすぎるころから、日が傾《かたむ》いてきます。南西に進行《しんこう》が変《か》わってくると、あたりは、暗《くら》くなりました。

長距離《ちょうきょり》列車は、国境《こっきょう》を越《こ》えますので、その前に、憲兵《けんぺい》が荷物検査《にもつけんさ》に入ります。二等車には、日本人が乗っていましたから、憲兵は通《とお》りすぎるだけでした。

昭和《しょうわ》十四年の帰省のとき、スミ子の席《せき》の前に、中国人がひとりすわっていました。中国人に変《か》わったようすはありませんでした。

スミ子が中国人と同席《どうせき》したのは初《はじ》めてでしたので、やはり、いくぶんかたくなっていました。甘納豆《あまなっとう》を食べながら、妹たちのことを考えていました。ピアノがじょうずにひけるようになったことを、じまんしようと楽しみもありました。

前の中国人が、身《み》じろぎをして体をすくませたので、スミ子も後ろをふりかえりました。

憲兵《けんぺい》が、ふたりで組んで、検査《けんさ》に入ったのです。憲兵は、長靴《ちょうか》をふみならして、近づいてきました。日本人のスミ子には目を向《む》けず、スミ子の前の中国人にせまりました。むちのような棒《ぼう》をつきつけて、荷物《にもつ》検査をしました。あやしいものがなかったらしく、今度《こんど》は、体を調《しら》べようとしました。

寒《さむ》くもないのに、その中国人は、ふるえだしました。夏なのに、顔は真《ま》っ青《さお》になり、冷《ひ》や汗《あせ》を流《なが》していいます。

憲兵は、いきなり、ズボンをまくって、乱暴《らんぼう》に中国人の体を調《しら》べました。

中国人の足首には、布《ぬの》が巻《ま》いてあり、その中に何かがかくされていたのです。

憲兵は、さらに上着《うわぎ》を調べました。よごれたはだに、布に巻いたものがありました。

憲兵はそれらをむしり取《と》って、ひきたてていきました。今にもこの中国人は切《き》り殺《ころ》されるのではないかと、スミ子は、気が遠くなるようでした。

検査が終《お》わると、ひとりの憲兵は、

「おじょうさん、おさわがせしました」と、敬礼《けいれい》し、スミ子の荷物は検査しないで立《た》ち去《さ》りました。

スミ子が初めて見たこわい体験《たいけん》でした。

列車《れっしゃ》は、暗《くら》やみの中を走っています。

前の席《せき》は、空いたままになっていました。

山海関《さんかいかん》に着《つ》いたときです。山海関は、満州国《まんしゅうこく》との国境《こっきょう》の町です。アナウンスがあって、通貨《つうか》の交換《こうかん》をする必要《ひつよう》があることが知らされました。満州の通貨を中国通貨に替《か》えなければ買《か》い物《もの》ができないのでした。

スミ子は、お財布《さいふ》を持《も》って、列車をおりました。お金を替《か》えてもどってくると、置《お》いておいた手荷物《てにもつ》がありません。食《た》べ物《もの》や飲《の》み物《もの》がなくなってしまいました。たったひとり旅《たび》でしたから、のんきに荷物を置いたまま席《せき》を立ったのがうかつだったのですが、スミ子としては、大失敗《だいしっぱい》でした。二等車《とうしゃ》でもこんなことが起《お》こるのですから、三等車には、乗《の》れないと思ったことでした。

ねむれない夜をすごして、日が高くなったころ、スミ子は、やっと、張家口《チャンチャコウ》の駅《えき》に着《つ》きました。

スミ子が、トランクをさげて改札《かいさつ》を出ると、お父さんが、馬車で、駅に迎《むか》えにきていました。女の子がひとりで歩くのは、あぶないと心配《しんぱい》したのでしょう。お父さんと馬車に乗ってゆられていくのは、スミ子をまだ小さな女の子にしてしまいました。久《ひさ》しぶりにお父さんの胸《むね》によりかかってあまえられました。

馬車は、中国人が満州馬《まんしゅうば》を使《つか》って動《うご》かしています。満州馬は背丈《せたけ》の低《ひく》い小さな馬です。

「おかえり、スミ子。ひとり旅《たび》は、こわくなかったかね」

お父さんは、注意深《ちゅういぶか》くたずねました。スミ子は、元気がありませんでした。

「おなかがすいています」

スミ子はそれだけを言うのがやっとのように、ぐったりしていました。

最初《さいしょ》の帰省《きせい》に、こわい体験《たいけん》をしたのですから。

コンクリートやレンガ造《づく》りのハルピンや、近代都市《きんだいとし》新京《しんきょう》しか見ていないスミ子は、張家口の泥《どろ》のかべの家々を見て、言葉《ことば》を失《うしな》いました。

父たちの張家口の家は、警察《けいさつ》の官舎《かんしゃ》ですから、一般《いっぱん》の民家《みんか》とはちがう造りになっていますが、泥のかべでした。母屋《おもや》は高い塀《へい》の中にありました。


落《お》ち着《つ》いてから、列車《れっしゃ》の中で起《お》こったことを、スミ子は、お父さんにたずねました。スミ子の目の前で、憲兵《けんぺい》が、検挙《けんきょ》したそのようすを話しますと、

「その中国人は、アヘンの密売商人《みつばいしょうにん》だな。アヘンは、非常《ひじょう》に高い値《ね》で取《と》り引《ひ》きされている。アヘンを、タバコに混《ま》ぜて、『粉入《こない》りタバコ』にして売っているのだ。アヘン中毒《ちゅうどく》は、こわい。人間の脳《のう》をこわしてしまうんだよ」

スミ子は、アヘンのことよりも、憲兵が、日本人と中国人を差別《さべつ》して、乱暴《らんぼう》に検査《けんさ》するのに、おどろいたのです。お父さんの仕事《しごと》も、列車《れっしゃ》で見た憲兵に近いことをしているのではないかと、ふと、思ったのです。

家に着《つ》くと、スミ子はお土産《みやげ》をみんなにわけてあげました。夏休みになっていますから、妹たちも、家にくつろいでいます。

「おねえちゃん、わたしもハルピンの桃山《ももやま》小学校に行きたかった」

「そんなこと、無理《むり》でしょう。今はもうハルピンには、小学校は三つもあるのよ」

「にぎやかでしょうね」

「張家口《チャンチャコウ》だって、ちゃんとした学校があるでしょう。先生は、立派《りっぱ》なかたが、本国から呼《よ》ばれているらしいじゃないの。学校の先生には、本国より高いお金を払《はら》っているようですよ」

「お父さんもね、日本で働《はたら》く警察官《けいさつかん》より、いいお給料《きゅうりょう》もらっているんでしょう」

久《ひさ》しぶりに、スミ子をまじえて雑談《ざつだん》をしました。

内モンゴルには、大勢《おおぜい》の初年兵《しょねんへい》が、訓練《くんれん》に来ています。お父さんは、その初年兵には、注意《ちゅうい》するようにと、スミ子に言いました。

結婚《けっこん》して、家族《かぞく》が来ている兵隊《へいたい》さんもいました。その人たちには、官舎《かんしゃ》が与《あた》えられていました。

初年兵は、独身者《どくしんしゃ》ですから、日本人の女性《じょせい》と交際《こうさい》をしたがっていました。

中国人の女性は、外に出て遊《あそ》ぶようなことは、あまりありませんでした。

日本人の家と中国人の家は、造《つく》りがちがいます。

日本は、庭《にわ》が前にあり母屋《おもや》が後ろにあります。中国の大家族《だいかぞく》の家は、庭が中庭になっていて、周囲《しゅうい》が部屋《へや》になっている囲《かこ》いがあり、庭に入るには門を通《とお》らなくてはいけないのです。これは、生活の仕方《しかた》からです。親族がいっしょに住《す》んでいるのです。大家族は地主《じぬし》のようなお金持《かねも》ちの場合《ばあい》ですが、貧《まず》しい家族は、家が小さいので、まとまって住んで、仲間《なかま》で助《たす》けあっています。

集団《しゅうだん》でやってくる盗賊《とうぞく》から身《み》を守《まも》るためでもあります。

日本は、島国《しまぐに》ですから、家族が、外国からやってくる泥棒《どろぼう》にそなえるということは、あまり重要《じゅうよう》なことにはなっていません。

日本でも、武士《ぶし》の時代、大名の城《しろ》は、敵《てき》にそなえていましたが、ふつうの人々はそんなそなえはしていませんでした。

日本人と中国人の他人《たにん》に対《たい》する警戒心《けいかいしん》が、ずいぶんちがうことがわかるのです。中国人は仲間《なかま》と他人は、味方《みかた》と敵《てき》のような関係《かんけい》なのです。仲間は身内《みうち》ですから、安心《あんしん》ですが、他人は、まったくちがう民族《みんぞく》かもしれないのです。考え方も言葉《ことば》までちがっているのです。

日本人は、他人にはおおらかです。だまされやすいとお父さんは言うのです。警察《けいさつ》官《かん》のお父さんは、日本人を助《たす》けるために、苦労《くろう》しているのです。

満州《まんしゅう》に住《す》んでいる中国人は、日本人にてむかうことはありませんでした。満州では、関東軍《かんとうぐん》がおさえこんでいましたから、日本の祝祭日《しゅくさいじつ》には日の丸の旗《はた》をあげたりしていました。

しかし、満州以外《いがい》の中国では、中国人は、手ごわい相手《あいて》でした。

兄の病気《びょうき》

電報《でんぽう》が、舎監《しゃかん》の玉木《たまき》先生からわたされると、スミ子は、手がふるえました。悪《わる》い知らせではないかと思ったのです。

部屋《へや》に帰って、かすれた電文を読みました。

『避病院《ひびょういん》に入った。身内のかたが、電業《でんぎょう》会社の寮《りょう》に来られたし』

というようなことが書かれていました。

スミ子は、電報を持《も》ったまま舎監室に行き、玉木先生に相談《そうだん》しました。

「兄の病状《びょうじょう》を見にいかなくてはならないのです。どうしたらよろしいのでしょうか」

玉木先生は、学担《がくたん》の斉藤《さいとう》先生に連絡《れんらく》し、スミ子に、一週間の休暇《きゅうか》をとってくれました。そのうえ、電業会社の社長あてに、スミ子が兄の看病《かんびょう》に行くことを知らせ、敷島《しきしま》高女の名前の依頼状《いらいじょう》を、持たせてくれました。

スミ子は、お父さんから、おこづかいとしての、お金をもらっていましたから、ハルピン行きの旅費《りょひ》や外食のお金はありました。

それより、ひとりでハルピンに行くのは、初《はじ》めてで心細かったので、友人にいっしょに行ってもらいました。小学校からの同級生《どうきゅうせい》の久保二三子《くぼふみこ》さんが、学校を休んで来てくれました。

玉木《たまき》先生は、スミ子の気持《きも》ちを察《さっ》して、許《ゆる》してくれました。

新京《しんきょう》からハルピンまで、各駅《かくえき》どまりの列車《れっしゃ》だと一日ほどかかります。スミ子は、急行《きゅうこう》で行くことにしました。列車は、一等車《とうしゃ》、二等車、三等車といっしょにありましたが、三等車は中国人が多く乗《の》って混雑《こんざつ》していました。日本人は二等車を利用《りよう》することを知っていましたので、スミ子は、二等車の切符《きっぷ》を買いました。

ハルピンは、今まで住《す》んでいましたのに、新京からだとずいぶん北でした。新京のようすとくらべると、ハルピンは、にぎやかな街《まち》でした。

スミ子は電業《でんぎょう》会社に行き、手続《てつづ》きをとりました。

おにいさんは、発疹《はっしん》チフスという伝染病《でんせんびょう》にかかっているので、避病院《ひびょういん》に、隔離《かくり》されていました。

スミ子たちに、近くに宿舎《しゅくしゃ》をとってくれました。

二三子《ふみこ》さんには、宿《やど》にいてもらって、スミ子は、兄に会いにいきました。

「病室《びょうしつ》に入る前と後に、消毒室《しょうどくしつ》を通《とお》るように」と注意《ちゅうい》を受《う》けました。

おにいさんは、お父さんではなく、スミ子が来たことにおどろいていました。

「病気《びょうき》がスミ子にうつったらたいへんだ。おれのところに近づいてはいけないよ」と、まず、注意《ちゅうい》をしました。

「わたしは、病気なんかしたことがないから、だいじょうぶよ」

スミ子は、そう答えましたが、発疹チフスにかかったらたいへんと、おにいさんからはなれてすわりました。

看護《かんご》の先生がいらっしゃって、注意することをこまかく話してくれました。

兄は、電気工事《こうじ》の実習《じっしゅう》として、ハルピン市をはなれ田舎《いなか》で仕事《しごと》をして、発疹チフスになったそうです。

「発疹チフスは、シラミが病気をうつすのです。おにいさんの衣類《いるい》は、熱湯《ねっとう》消毒してありますから、もう、シラミはいないと思いますが、注意は必要《ひつよう》ですね。

遠いところをたいへんでした」

「わたしは、学校の友だちと来ましたので、長くいられません、父に電報《でんぽう》を打《う》ってきます」

スミ子は、さっそく、電報《でんぽう》を打《う》ちにいきました。

「家族《かぞく》が来るまで、わたしは、ここにいなくっちゃいけないでしょ、ごめんなさい、すぐに帰れないので、先に帰ってね」

二三子《ふみこ》さんには、お礼《れい》を言って、帰ってもらいました。

「お大事《だいじ》にね」

「いっしょに来てくださってありがとう、むちゃ言ってごめんなさい。二等車《とうしゃ》で帰れば、あぶなくないから気をつけてね」

友人を送《おく》ってから、宿舎《しゅくしゃ》にもどり、野菜《やさい》を入れたおかゆをたいて、おにいさんに持《も》っていきました。

「スミ子、とてもおいしいよ。ありがとう」

「おにいちゃんが、病気《びょうき》になったので、わたしは、ここに来られたのね。おにいちゃんといっしょにいられて、うれしい」

「病気をよろこんでもらって、あんまりうれしくないけどね」

「早く元気になって、ハーモニカを吹《ふ》いて聞かせてよ。わたし、そしたら、歌ってあげる」

「のんきなこと、言うなよ」

おにいさんは、熱《ねつ》のある顔をしかめましたが、死《し》ぬようなことはなさそうでした。

スミ子は、お父さんが来るのを、宿《やど》で待《ま》っていました。おにいさんの食事《しょくじ》の用意《ようい》も宿でするのでした。学校も長く休んでいたら、勉強《べんきょう》もわからなくなるでしょう。でも、スミ子は、おにいさんが元気になることを、願《ねが》いながらおかゆをたいてあげました。

お父さんは、もう翌日《よくじつ》の夕方にはハルピンに着《つ》きました。

お父さんだけでなく、お母さんもいっしょでした。病人の看病《かんびょう》は、お父さんには無《む》理《り》だと考えたのでしょう。

「早かったのね。特急《とっきゅう》に乗《の》ったの」

「発疹《はっしん》チフスと聞いて、おどろいたよ。どうだい、具合《ぐあい》は」

まさるは、目になみだを浮《う》かべました。大きくなっても泣《な》き虫《むし》はなおらないのです。

「妹たちはだいじょうぶなの、置《お》いてきて」

なみだをふくと、持《も》ち前《まえ》の気持《きも》ちのやさしいまさるは、妹たちを気づかいました。

お母さんは、明るく答えました。

「だいじょうぶよ、近所《きんじょ》のおばあちゃんが見ていてくれています。遠くにいると、いざというときには、心細いね」

「たいへんな病気《びょうき》になったもんだな。電業会社《でんぎょうがいしゃ》は、不衛生《ふえいせい》ではあるまい。おまえの不注意《ふちゅうい》かな、下着《したぎ》などをこまめにとりかえなかったんじゃないのかい」

お父さんは、だいぶきついことを言って、まさるを困《こま》らせました。

それから、

「看護婦《かんごふ》さんと先生にごあいさつしてくる」

お父さんは、手土産《てみやげ》をもって、病室《びょうしつ》から出ていきました。

お母さんは、新しい下着《したぎ》などを手荷物《てにもつ》から出しました。

「ありがとう。でも、下着などは、勝手《かって》にとりかえられないんだ。煮沸消毒《しゃふつしょうどく》してるから」

おにいさんは、そう言いながらも、新しい下着を手に取りました。

スミ子は、

「おにいちゃん、お父さんは、安心《あんしん》したのよ。おにいちゃんが思ったより元気だったからね。きっと、心配《しんぱい》しながら来たのよ」

「両親が来てくれたんだもの、本当にありがたいと思っているよ」

おにいさんは、お父さんが来たので安心したのでしょう。明るく言いました。

お礼《れい》などのあいさつをすませて、お父さんがもどってきました。

「病室での面会《めんかい》は、十分以内《いない》だそうだ。まさるのところで、ゆっくり話していられない。残念《ざんねん》だが、宿舎《しゅくしゃ》にひきあげよう」

「まさるは、今、何を食べているのだい。スミ子は、明日《あす》には新京《しんきょう》にもどってもいいよ。わしは、しばらく休暇《きゅうか》をもらってきたからね。

まさる、これからスミ子とハルピンの街《まち》に行ってくる。久《ひさ》しぶりだから、おいしいものを食べてくる。大切《たいせつ》な息子《むすこ》を看病《かんびょう》してくれたスミ子に、お礼しなくちゃいけないからね。まさるにも何かうまいものを買ってきてあげよう」

お父さんは、なぜかじょうきげんでした。先生からおにいさんのことでもほめられたのでしょうか。ともかくも、一家族《かぞく》は、以前住《いぜんす》んでいたハルピン市で、再会《さいかい》することができたのでした。

家がない

昭和《しょうわ》十五年の夏休みの帰省《きせい》のときでした。スミ子は、敷島《しきしま》高女の三年生になっていました。帰省も三回目ですから、道順《みちじゅん》もわかるし、とつぜん帰ってみんなをおどろかせようと思って、帰る日を家族《かぞく》に知らせずに帰省したのです。そしたら、以前《いぜん》の家に、家族はいなかったのです。

スミ子に知らせずに、どこかに引《ひ》っ越《こ》していたのです。前住《す》んでいた官舎《かんしゃ》には別《べつ》の人が住んでいました。それも中国人の家族でした。

「どこかに、越していきましたよ」と、たどたどしい日本語で言うのですが、行き先はわからないようでした。

スミ子は、父たちがなぜ家を変《か》えたのか、思い当たりませんでした。学校で中国語を習《なら》っていますが、会話をする気にはなりません。父たちが近くに移転《いてん》しているとは思われませんでしたが、砂《すな》ぼこりのする、暑《あつ》い日差《ひざ》しの中、重《おも》い荷物《にもつ》をさげて、そちこち、探《さが》しました。どこにもいません。スミ子は、半泣《はんな》きになりました。そして、気を落《お》ち着《つ》けて、警察署《けいさつしょ》を探して、聞いてみたらいいと思いついたのです。

警察署で、事情《じじょう》を話しますと、若《わか》い警察官《けいさつかん》は、

「吉田《よしだ》さんは、公署所長《こうしょしょちょう》にご栄転《えいてん》になられて、包頭管区《パオトウかんく》に勤務《きんむ》されることになっています」

と、説明《せつめい》し、

「住所《じゅうしょ》は、張家口《チャンチャコウ》のようですが……」

と、いぶかりながら、帳簿《ちょうぼ》を調《しら》べてくれました。

「住所も、変《か》えられています。案内《あんない》しましょう」

若《わか》い警官は、サイドカーにスミ子をのせて、夕暮《ゆうぐ》れの街《まち》に走り出しました。

新しい家に着《つ》いて、玄関《げんかん》を入るなり、スミ子は、ありったけの大声で泣《な》き叫《さけ》びました。

「どうしたんだ！」

おどろいた父は、玄関《げんかん》で、泣《な》き崩《くず》れているスミ子にあっけにとられました。

スミ子は、何も答えず、ただ大声でわめきました。

「お父さんは、内蒙古《うちもうこ》は危険《きけん》だと言っていたくせに、帰ってきても、家がなかったら、わたしはどうなるのよ！　みんなが、わたしに知らせないで、いなくなっていたんだもん。わたしなんか、どうなっても、いいの！」

きれぎれに、そう言うのが、やっとでした。

「悪《わる》かったよ。うっかりしたんだ。連絡《れんらく》しなくて、ごめんよ」

お父さんは、スミ子の肩《かた》をだいて、なだめましたが、スミ子はふりほどいて泣《な》きつづけました。こんなに泣いたのは、初《はじ》めてでした。

母も、どうしたものかと、とまどっていましたが、スミ子も泣くのをとめられませんでした。

スミ子は、あこがれの敷島《しきしま》高女に入れたことはよかったのですが、高女のきびしいきまりごとで、しばられていましたから、やさしい家族《かぞく》のぬくもりに、うえていたのでしょう。お金を送《おく》ってもらったとしても、自由《じゆう》に使《つか》えなかったのです。ときどき、

先生に呼《よ》ばれて、

「吉田《よしだ》さん、お金づかいがあらいです。今は、節約《せつやく》の時代《じだい》です」

と、注意《ちゅうい》を受《う》けることが、しばしばあったのです。

家族に会えないつらさを、せめて、買《か》い物《もの》をすることでなぐさめていたのです。年に一度の帰省《きせい》で、家族に会うのを楽しみに、ひとりで、新京《しんきょう》から来たのに、家がなかったのです。

ふたりの妹の前で大泣きをして、姉としての面目《めんぼく》も捨《す》てきったスミ子は、疲《つか》れはて、泣きやみました。こうばしいパンの焼《や》けるにおいもしてきました。

スミ子はおなかがすいているのに気がつきました。

お母さんは、くいしんぼうのスミ子をなだめる手を知っていました。焼けたばかりのパンを持《も》ってきました。スミ子は、パンが焼けるまで泣いていたのです。

お母さんは、だまって、パンをちゃぶ台に置《お》きました。焼肉《やきにく》ものっていました。

スミ子を囲《かこ》んで、みんながパンを食べることになりました。

家族に、やっと、なごやかさがもどりました。

「おねえちゃん、居庸関《きょようかん》の早春の歌教えて」

と、妹のテル子が姉を立てるようなことを言って、たのみました。

ピアノを練習《れんしゅう》して、上達《じょうたつ》していることも、話したいことでした。

お母さんは、いいころあいだと思ったのでしょう。声をかけました。

「歌もいいけれど、おふろに、お入り。長旅《ながたび》で、すすけているでしょう」

スミ子を、ふろ場にさそいました。スミ子は、すなおにふろ場に行き、お母さんも、洗《あら》い場《ば》に来て、おどろいていました。

「スミ子、背丈《せたけ》ものびて大きくなったのね。半年見ないうち、立派《りっぱ》な体になってるじゃないの」

「もう、学校でも、小さいほうではないよ。ふつうより大きいくらいよ」

と、スミ子もさっきまで泣《な》きはらしていたのを忘《わす》れたように、つけたしました。

「体操競技《たいそうきょうぎ》の選手《せんしゅ》にもなってるんだから」

「どうりで、真《ま》っ黒《くろ》に、日焼《ひや》けしているね」

お父さん子だったスミ子が、お母さんとこんなに親しく話したことはあまりありませんでした。お母さんは、スミ子をなぐさめようと、やさしく話して、気持《きも》ちを落《お》ち着《つ》けてくれたのです。ふたりの妹たちとはなれて、スミ子がひとり学校の寮《りょう》生活をしているることが、かわいそうに思えたのです。

紀元《きげん》二千六百年の祝賀式《しゅくがしき》

神武天皇《じんむてんのう》が日本の最初《さいしょ》の天皇として即位《そくい》されたと、古事記《こじき》に記《しる》されています。そのときからかぞえて、昭和《しょうわ》十五年が、二千六百年の、節目《ふしめ》の年になるということで、満《まん》州《しゅう》の学校でも、祝賀行進《こうしん》をすることになりました。

敷島《しきしま》高女も、行進の練習《れんしゅう》を始《はじ》めました。

祝賀行進は、新京市《しんきょうし》の総合運動場《そうごううんどうじょう》で、十月十日に行われました。祝賀式典の後に、新京市の学校の生徒《せいと》が、お祝《いわ》いの行進をするのです。

敷島高女では、三年生が参加《さんか》しました。

八列《れつ》の縦隊《じゅうたい》を組み、一二〇人の分隊でした。

分隊長は、一組の級長《きゅうちょう》の陽子《ようこ》さんでした。

スミ子は正旗手《せいきしゅ》に選《えら》ばれ、校旗《こうき》を掲《かか》げて、先頭を進《すす》みました。正旗手をはさんで副《ふく》旗手ふたりの三人は、敷島《しきしま》高女の冬の制服《せいふく》に盛装《せいそう》して、運動着《うんどうぎ》の白い体操服《たいそうふく》と黒いブルマーの生徒の前を行進《こうしん》しました。

総合運動場《そうごううんどうじょう》には、厳《おごそ》かな礼式歌《れいしきか》や、いさましい軍歌《ぐんか》が流《なが》れ、生徒以外《いがい》の見物客《けんぶつきゃく》も広い運動場いっぱいに集《あつ》まり、行進する若者《わかもの》をふるいたたせました。

日本民族《みんぞく》の優秀性《ゆうしゅうせい》を、内外に見せつける祭典《さいてん》でした。

会場には、大勢《おおぜい》の中国人も、押《お》し寄《よ》せまし

敷島高女の祝賀行進

た。

軍事教練《ぐんじきょうれん》は男子の大切《たいせつ》な訓練《くんれん》でしたが、このころには、女子も軍事訓練を受《う》けていたことがわかります。女子の場合《ばあい》は、男子とはちがう訓練でした。

昭和《しょうわ》十二年に、中国と全面戦争《ぜんめんせんそう》になりましたが、三年たった今も、戦争は終《お》わりませんでした。蔣介石《しょうかいせき》と仲《なか》が悪《わる》かった八路軍《ぱーろぐん》といわれる中国共産党《きょうさんとう》が、日本との戦争に力を合わせて戦《たたか》うことにしたからでした。ソ連《れん》のスターリンも中国に武器《ぶき》などを送《おく》って、助《たす》けていました。

また、アメリカやイギリスも、中国を助けるだけでなく、日本に石油《せきゆ》や鉄《てつ》などを輸《ゆ》出《しゅつ》することをやめたのです。

日本は、祝賀式《しゅくがしき》を盛大《せいだい》にやっていても、国の役人《やくにん》は、どうしたらこの戦争に勝《か》てるか迷《まよ》っていました。

中国を助け、日本に協力《きょうりょく》しない国と、戦争をすることになっていくのでした。

日本に協力する国は、イタリアとドイツだけで、この年に、三国同盟《どうめい》をむすんだのです。

ドイツは、ヒットラーのもとで、ヨーロッパ一の強い国でした。前の年の九月に戦《せん》争《そう》になっていました。ヨーロッパは、ドイツに押《お》しまくられて、フランスやイギリスの軍隊《ぐんたい》は、苦戦《くせん》していました。

このような世界《せかい》のようすは、スミ子たちには知らされていませんでした。

祝賀《しゅくが》行進《こうしん》からだいぶたったころ、スミ子は、お父さんから、手紙をもらいました。

「お母さんたちとみんなで、映画《えいが》を見にいったとき、信《しん》じられないニュース映画を見ました。

スミ子が校旗《こうき》を持《も》って、行進の先頭を歩いていました。

『おねえちゃんじゃないの』

『スミ子だ』

お父さんは、大急《おおいそ》ぎで、映写室《えいしゃしつ》にとんでいって、

『今のニュースもう一度流《どなが》してください。娘《むすめ》が映《うつ》っていたのです』

と、たのみました。

そうしたら、巻《ま》きもどして、もう一度、スクリーンに映してくれました。

『スミ子が正旗手《せいきしゅ》をやっている。名誉《めいよ》なことだ』

映画を見にきた人も、スミ子を二度《ど》見たことになりました。

遠くにいるスミ子を見て、家族《かぞく》で、よろこびました。

敷島《しきしま》高女の行進は、さすがに、立派《りっぱ》でした……」


スミ子は、お父さんの手紙から、祝賀行進が、ニュース映画になって、多くの日本人に報道《ほうどう》されたことを知りました。また、敷島高女の行進が、選《えら》ばれて、大きく取《と》り上《あ》げられていたことも知りました。

スミ子にとって特《とく》にうれしかったことは、自分の晴《は》れ姿《すがた》を、家族に見せられたことでした。

昭和《しょうわ》十五年は、おめでたいお祝《いわ》いで、年を越《こ》しました。

中国との戦争《せんそう》は、続《つづ》いていましたが、日本が負《ま》けているということではなく、蒋介《しょうかい》石《せき》を追《お》いこんでいました。

中国戦《ちゅうごくせん》から交代《こうたい》していく日本兵《にほんへい》は、勝利《しょうり》をあげている証拠《しょうこ》の戦勝品《せんしょうひん》を持《も》って、いさましく凱旋《がいせん》していきました。

しかし、本当に勝《か》っているかどうかは、兵隊《へいたい》にはわからなかったのです。

新聞もラジオも、戦争《せんそう》の本当のことは、知らせてはいけないと、きびしく、軍《ぐん》が検《けん》閲《えつ》をしていたからです。

父の負傷《ふしょう》

夏休みの帰省《きせい》は、スミ子の最大《さいだい》のよろこびでした。スミ子は、張家口《チャンチャコウ》に着《つ》く列車《れっしゃ》の時刻《じこく》を、早めに知らせました。家がなかったあの日の恐怖《きょうふ》は、忘《わす》れられません。

お父さんからも、連絡《れんらく》が届《とど》いていました。

『五原《ウーユアン》で、新警察官《しんけいさつかん》の指導《しどう》をしているので、スミ子の帰る時間に合わせられないかもしれない。警察署《けいさつしょ》に連絡《れんらく》をして、代《か》わりの人を、迎《むか》えにいってもらうようにしたから、心配《しんぱい》しないで、駅《えき》で落《お》ち合《あ》うようにしなさい』

スミ子は、父が迎えにこられないことは、少し残念《ざんねん》でしたが、深《ふか》く考えないようにして学寮《がくりょう》を出ました。

この前、山海関《さんかいかん》で、荷物《にもつ》をとられてしまったことを反省《はんせい》して、山海関で両替《りょうがえ》をしなくてもいいように、新京《しんきょう》で両替をしてきました。荷物はまとめて網《あみ》だなにあげて、座席《ざせき》に足をのせてゆっくりねむりました。

一年ぶりの帰省《きせい》です。話したいことがいっぱいありました。お土産《みやげ》もふんぱつしました。大富豪《だいふごう》の友だちからの差《さ》し入《い》れもありました。

今回は、女学校最後《さいご》の夏休みです。本当は、帰省などせず、師範《しはん》学校へ入学するために、学校の勉強《べんきょう》をしないといけなかったのです。女学校の成績《せいせき》が内申書《ないしんしょ》に記入されて送《おく》られるのです。

張家口の駅をおりますと、一台の馬車が、待《ま》っていました。

背《せ》の高い青年が、馬車のわきに立っていましたが、彼《かれ》は、おりてくる人よりも、列車から運《はこ》び出《だ》される荷物《にもつ》に気をとられて、そちらに目を向《む》けていました。

家に着《つ》くと、「お父さんは、いつ帰るの」が、スミ子の帰省《きせい》のあいさつでした。

駅に迎《むか》えにこないまでも、家に帰っていてほしかったのです。

「お父さんは、スミ子に会いたいから、休みをとって帰ると、連絡《れんらく》してきましたよ。五原《ウーユアン》で、教育係《がかり》をしているそうですから。あなたにも知らせてあるそうじゃないの」

「警察官《けいさつかん》の教育ってどんなことを訓練《くんれん》するのかしら」

「犯人《はんにん》を探《さが》すことと、護身術《ごしんじゅつ》ですよ」

「中国人もまじっていて、だいじょうぶなのかしら」

スミ子は、中国人の警察官が、日本人を本当に助《たす》けてくれるのかなと、疑問《ぎもん》に思いました。

「人が足らないから仕方《しかた》なくやってるそうよ。お父さんも、心配《しんぱい》はしてました」

お父さんが帰らないけど、スミ子は、妹たちにお土産《みやげ》をわけてあげました。妹たちは、新京《しんきょう》のはやりの服地《ふくじ》を、とてもよろこびました。砂漠《さばく》の田舎《いなか》町でくらしている妹たちをかわいそうだと、スミ子は同情《どうじょう》しました。

テル子は、小学校四年生で、秀子《ひでこ》は、二年生なのです。女学生にならなければ、寄宿舎《きしゅくしゃ》のある学校には行けません。

「お母さん、お父さんの予定《よてい》だと、もう帰ってくるころでしょう」

テル子がお母さんに、たずねたので、スミ子も後をうけて、聞きました。

「お父さんは、いつ帰ってくる予定《よてい》なの」

「スミ子の帰るのに合わせて、もどると、言ってよこしたけど。仕事《しごと》の手がはなせないので、おくれるかもしれないとは、電話があったけれど、こんなにおそくなるのなら、あらためて、連絡《れんらく》してくれたらいいのにね」

と、不安《ふあん》げに言葉《ことば》をきりました。

それから、また、数日がたちましたが、父の部署《ぶしょ》から、何も連絡がありませんでした。しかし、包頭《パオトウ》の警察から

『五原で、事件発生《じけんはっせい》。共産軍《ぐん》の攻撃《こうげき》、壊滅的打撃《かいめつてきだげき》』という知らせがありました。

「お父さんは、鎮圧《ちんあつ》に向《む》かっているのかしら」

お父さんの帰りがおそいわけがわかった家族《かぞく》は、心配な日々をすごしました。

しかし、日本の警察《けいさつ》の強いことを信《しん》じていました。

お父さんが帰ったのは、スミ子が帰って一週間後の、夜、おそくでした。

「おおーい、おおーい」と、かすれた声が、門の外から聞こえてきました。

「だれか、来たようよ」

あわててかけだすことはしませんでした。夜の訪問者《ほうもんしゃ》には要注意《ようちゅうい》です。まして、女ばかりの、るす宅《たく》ですから。

お母さんが、あかりを持《も》って、そっとうかがいながら、戸を開《あ》けました。

そこへ、泥《どろ》まみれのお父さんが、ころげこんできました。

「足に迫撃砲《はくげきほう》をくらった。右足が動《うご》かない」とうめきながら体を横《よこ》たえました。

「お湯《ゆ》をわかして、体をふきましょう。それと、傷《きず》の消毒《しょうどく》、消毒！　早くしないと、化膿《かのう》してしまうわ」

お母さんは、看護婦《かんごふ》のように、てぎわよく負傷《ふしょう》した夫《おっと》の足を消毒しました。

家じゅうのみんなは、手わけしてお父さんの手当てをしました。

「五原《ウーユアン》で訓練《くんれん》を受《う》けていた警察官《けいさつかん》の中にいた中国人が、とつぜん、のろしをあげたのだ。その中国人は、わしの部下《ぶか》だった。のろしを見て、たくさんの中国兵が、四方八方からせめこんできたんだ。あっちは武器《ぶき》を持《も》って準備《じゅんび》していたんだな。こっちは、ふいをくらって武器もなく、逃《に》げるしかなかった。ゲリラのスパイがまぎれこんでいたんだ。わしは、それに気づかなかった……」

お母さんは、翌朝《よくあさ》、医者《いしゃ》を呼《よ》んで、お父さんの傷の手当てをしてもらいました。爆《ばく》弾《だん》の破片《はへん》が数個《こ》入っていました。

手術《しゅじゅつ》がすむと、痛《いた》みがやわらいだのか、お父さんは、うめきをやめてねむってしまいました。次《つぎ》の日になっても目を開《あ》けませんでした。

「そっとしておいてあげましょう」

お母さんは、傷を手当したり、体を冷《ひ》やしたりして、ようすを見ていましたが、無《む》理《り》に声をかけたりしませんでした。スミ子たちもときどき顔を見にいきますが、音を立てないように近づきました。

お父さんは、とても、疲《つか》れていました。こんなにぐったりしたお父さんは、初《はじ》めてでした。

食事《しょくじ》もとらず、よくねむったお父さんは、目をさますと、むっくり体を起《お》こして、足の傷《きず》をたしかめました。

「迫撃砲《はくげきほう》の弾《たま》の破片《はへん》がささったんだが、上のほうだったから、よかったんだな。クリークに入ってかくれても、水にぬれなかった。明るいひるまは、クリークにかくれて、敵《てき》に見つからないようにしていたんだよ。暗《くら》くなってはいだして、やっと脱《だっ》出《しゅつ》したんだ。まるで、従軍兵士《じゅうぐんへいし》のようだった」

「お父さんひとりだったんですか」

「いや、数人いたがね。こちらには、護衛《ごえい》する兵《へい》も何人かはいたが、警官《けいかん》は武器《ぶき》などないから、敵に見つかれば、殺《ころ》されるだけだよ。

中国兵は、逃《に》げ腰《ごし》だと言われていたが、組織《そしき》だっていて、勇敢《ゆうかん》だった。中国兵をあまく見てはいけない。中国人は、自分の国を守《まも》り通《とお》すだろうな」

事件《じけん》の起きた五原《ウーユアン》は、張家口《チャンチャコウ》の北西部《ほくせいぶ》で、北からの外敵の侵入《しんにゅう》を防《ふせ》ぐための重要《じゅうよう》な関所《せきしょ》として開《あ》けたところです。

そこは、黄河《こうが》の左岸《ひだりぎし》の低地《ていち》で、数本の大河が、黄河に注《そそ》いでいます。そのため、クリークがほられていたのです。

昭和《しょうわ》十六年の夏休みの帰省《きせい》は、忘《わす》れられない帰省になりました。でも、父の回復《かいふく》は順調《じゅんちょう》で、体ももとにもどり、職場《しょくば》に復帰《ふっき》しました。

スミ子も、師範《しはん》学校の受験《じゅけん》のための勉強《べんきょう》に集中《しゅうちゅう》しようと、早めに新京《しんきょう》にもどりました。

旅順《りょじゅん》師範学校に合格《ごうかく》

学校の先生になりたいという小さいときからの夢《ゆめ》が本当になるためには、旅順の師範学校で教員免許《きょういんめんきょ》をもらわなければなりません。

担任《たんにん》の牧野欣《まきのきん》先生も、師範学校をすすめてくれました。

受験《じゅけん》については、スミ子は、父にたよらずに準備《じゅんび》しました。

昭和《しょうわ》十七年の三月には、日本は、米、英国《えいこく》とも、全面戦争《ぜんめんせんそう》になっていました。戦《せん》場《じょう》が広くなり、満州《まんしゅう》からも南の戦地に向《む》けて、出征《しゅっせい》していきました。

スミ子は、師範学校への受験《じゅけん》をやめて、従軍看護婦《じゅうぐんかんごふ》になろうかと、思ったほどでした。でも、父から、

「従軍看護婦は、戦地に行くから、戦死《せんし》するかもしれない。そんな危険《きけん》なところへ行くのはよしなさい」と、きつくとめられました。

スミ子は、兵隊《へいたい》さんを助《たす》けてあげたいという気持《きも》ちをおさえて、やはり、子どもたちの先生になることにしたのです。

旅順《りょじゅん》は、新京《しんきょう》からは遠いので宿《やど》をとって、試験《しけん》を受《う》けなければなりませんでした。宿を決《き》めて、試験の前に、旅順師範《しはん》学校を下見しました。そのとき、スミ子は、校庭《こうてい》の校舎《こうしゃ》のかげに、そんなに大きくはない、さくらの木を見つけました。

泊《とまり》野《の》小学校の校庭にあった、日本の国花であるさくらの木が、旅順に植《う》えられていました。

まだ、葉《は》ももちろん花もありませんが、さくらの木だと、スミ子は、すぐにわかりました。さくらの花を見たいと、あこがれていたスミ子を、さくらが、ここにさそってくれたのにちがいないと、思ったほどでした。

なにがなんでも師範学校に合格《ごうかく》して、まだ見ていない、あこがれのさくらの花を見なくてはならないと、強く決心《けっしん》したのです。

そんなスミ子は、試験の前夜、思わぬ不幸《ふこう》にみまわれました。いっしょに泊《と》まった友が、一晩《ばん》じゅう歯《は》ぎしりをしていて、スミ子は一睡《いっすい》もできなかったのです。寝不足《ねぶそく》の頭は、雲がかかったように、ぼんやりしていました。こんなことでは、テストができるわけがありません。

今まで何もかもうまくいっていたスミ子は、最後《さいご》にきて、こんなことになったことをがまんできませんでした。

牧野《まきの》先生が声をかけてくださいましたが、スミ子は、首をふるだけでした。

さくらを見られるというよろこびも、落胆《らくたん》になって苦《くる》しみました。

数日後に、受験の結果《けっか》が、届《とど》きました。

「吉田《よしだ》さん、合格《ごうかく》してしまっていますね」と、牧野《まきの》先生は、おどけていました。

師範《しはん》の入試《にゅうし》は、音楽と体操《たいそう》と身体検査《しんたいけんさ》でした。

音楽は、紀元節《きげんせつ》の歌『雲にそびえる高千穂《たかちほ》の　高嶺《たかね》おろしに草も木も……』を歌うことでした。スミ子は、途中《とちゅう》で声が出なくなってしまったのですが、審査《しんさ》の先生が、「はじめから歌いなさい」と助《たす》けてくださったのです。スミ子は、ほっとして、今度《こんど》は、落《お》ち着《つ》いて歌い終《お》わりました。でも、大失敗《だいしっぱい》でした。

スミ子は、合格がわかると、もとの快活《かいかつ》な少女にもどりました。

師範学校でスミ子を待《ま》っていたのは、あこがれにあこがれていたかれんで、優美《ゆうび》なインホア（さくらの花）でした。

スミ子は、感動《かんどう》のあまり、小さなさくらの木にのぼってしまいました。

スミ子は、師範学校でも、人気者《にんきもの》でした。音楽と体育が優《すぐ》れていましたから、めだつのです。

昭和《しょうわ》十七年十一月に、国民錬成《こくみんれんせい》大会が、明治神宮《めいじじんぐう》で行われましたが、満州《まんしゅう》の関東《かんとう》州代表《しゅうだいひょう》として、出場しました。師範学校一年生でした。明治神宮国民錬成大会という全国規模《ぜんこくきぼ》の大会で、第三位《だいさんい》に入賞《にゅうしょう》して、表彰台《ひょうしょうだい》に立ったのです。参加校《さんかこう》がどれほどあったかは、スミ子は知りませんが、とびぬけて名誉《めいよ》なことでした。

昭和十九年三月に、師範学校を卒業《そつぎょう》しました。

卒業ができましたから、父は、鹿児島《かごしま》に帰ろうと呼《よ》びにきました。

「お母さんや、テル子たちも鹿児島に帰っているから、スミ子も帰ろう」

スミ子は、承知《しょうち》しませんでした。

「わたしは、満州《まんしゅう》に残《のこ》ります」

「この戦争《せんそう》は、終《お》わりに近づいている。日本にもどったほうが、安全《あんぜん》なんだ」

お父さんは、中国人のようすなどから、察《さっ》していたのです。

スミ子は、どうしても満州《まんしゅう》で先生になりたかったのです。

「満州に残《のこ》ります。満州で、先生になります」

「しょうがないな、満州だって、いつ戦場になるか、わからないぞ」

お父さんは、警官《けいかん》を辞《や》めていました。いつでも帰れるように準備《じゅんび》していたのです。

スミ子は、虎林《コリン》というソ満国境《まんこっきょう》に近い村の学校を希望《きぼう》しました。僻地《へきち》に行って、開《かい》拓団《たくだん》の子どもたちの先生になろうと決《き》めて、希望《きぼう》を出していました。でも、どうしたわけか、辞令《じれい》がおりないのです。

三月もおしつまって、スミ子が受《う》け取《と》った辞令は、新京《しんきょう》の三笠在満国民《みかさざいまんこくみん》学校訓導《くんどう》を命《めい》ず、というものでした。

旅順師範《りょじゅんしはん》からは、師範の先生のひとりが、三笠国民学校の校長として着任《ちゃくにん》しました。スミ子は、師範の先生と同じ学校に勤《つと》めることになって、あわてました。

まもなく起《お》こったソ連軍侵入《れんぐんしんにゅう》の際《さい》に、ひどい苦《くる》しみをしなくてすんだのは、虎林《コリン》ではなく、新京にいたからでしょう。

スミ子は、二十歳《さい》で、結婚《けっこん》しました。

新京で、昭和《しょうわ》二十年に結婚したのは、満州《まんしゅう》でひとりでは、たいへんだから、結婚して家庭《かてい》をもちなさいと、学校の先輩《せんぱい》の先生たちが、すすめたからでした。

そのころには、男の先生は、若《わか》いかたはおりませんでした。圧倒的《あっとうてき》に女の先生が多くなっていたのです。スミ子にすすめられた先生は、九州《きゅうしゅう》からは遠い、千葉県《ちばけん》のかたでした。海軍《かいぐん》にとられていましたが、乗《の》る軍艦《ぐんかん》がなかった、二十八歳の先生がひとりいたのです。

父母のいない結婚式《けっこんしき》でした。

スミ子は、そのときまだ、帰国していなかったお父さんに、結婚することを報告《ほうこく》できました。お父さんは、お祝《いわ》い金《きん》を、送《おく》ってくれました。しかし、もう、お金を手にすることは、できなくなっていました。

満州は日本人の自由《じゆう》にならない土地になっていました。

満州国は消《き》えたのです。

完

昭和6年　スミ子の家族《かぞく》

かわな 静（かわな しずか）

千葉県生まれ。早稲田大学文学部卒業。
創作「神さまのいる村――白間津大祭物語」（ひくまの出版）
「シイの実のひみつ」（けやき書房）
「くろねこカックン」（銀の鈴社）
詩集「花のごはん」（てらいんく）
評伝「青木繁とその情熱」（てらいんく）
「十四歳の『満州』 満蒙開拓青少年義勇軍
千葉中隊 鈴木弘一」（崙書房出版）
（社）日本児童文芸家協会会員
（社）日本児童文学者協会会員
（社）日本詩人クラブ会員

桜花《インホア》を夢見《ゆめみ》て――ある満州《まんしゅう》育ちの物語

発行日 2021年4月9日 初版第一刷発行
著 者 かわな 静
発行者 佐相美佐枝
発行所 株式会社てらいんく
〒215-0007 神奈川県川崎市麻生区向原 3-14-7
TEL 044-953-1828 FAX 044-959-1803
振替 00250-0-85472
印刷所 モリモト印刷株式会社

ISBN978-4-86261-165-9 C8095